리프레이머

4,500명 VVIP를 관리하는 럭셔리 마케팅 전문가
케이영이 공개하는 특별한 마케팅 전략

리프레이머

초판 1쇄 인쇄 2022년 12월 1일
초판 1쇄 발행 2022년 12월 5일

지은이 케이영

발행인 백유미 조영석
발행처 (주)라온아시아
주소 서울특별시 서초구 효령로 34길 4, 프린스효령빌딩 5F

등록 2016년 7월 5일 제 2016-000141호
전화 070-7600-8230   **팩스** 070-4754-2473

값 17,000원
ISBN 979-11-6958-010-6 (03320)

라온북은 독자 여러분의 소중한 원고를 기다리고 있습니다. (raonbook@raonasia.co.kr)

리프레이머

케이영 지음

BIG RICH

RAON
BOOK

부자와 친구가 되자

'리프레이머(Reframer)'는 2023년 이후의 빅리치(Big Rich) 마케팅에 대한 새로운 통찰이다. 지금까지 올드(Old)했던 부자 마케팅은 이제 그만하고, 빅 리치에 대한 새로운 프레임과 그 프레임을 기획하고 실행하는 '리프레이머'의 역할이 중요하다.

나는 약 20여 년 동안 최상류층을 대상으로 한 마케팅을 진행했다. 고급 멤버십과 럭셔리 골프 리조트, 고급 주택 등을 판매해 왔고, 최근 뉴욕 맨해튼에 있는 초고가 콘도에 대해 국내 최초로 한국에서의 마케팅 전반을 맡기도 했다.

나는 어떻게 하면 진짜 부자, 즉 빅리치들의 관심을 끌 수 있는지에 대해, 오랜 시간 동안 그들과 함께하며 그 방법을 체득했다.

팔고자 하면 팔 수 없다. 부자들에게 통하는 방법, 그들과 친구가 되는 방법을 이 책에서 찾아보길 바란다.

케이영(K. Young)

2장
럭셔리 마케팅 차별화 전략

3장
실전 럭셔리 마케팅

1장

부자를 알아야
부자에게 물건을
판다

초미생,
회장님을 찾아가다

텔레마케팅으로 4억 원짜리 VIP 회원권을 팔다

◆◆◆

대학 졸업 후 장교로 군 생활을 시작해 직업 군인의 꿈을 잠시
꾼 적이 있다. 하지만 나의 엉뚱하고 자유분방한 성격은 군 생활
에 전혀 맞지 않았고 결국 20대 후반의 나이로 전역을 하게 되었
다. 당시 나는 군 내부의 생활상과 규칙은 알았지만 군 밖의 세
상은 어떻게 돌아가고 있는지 전혀 몰랐다. 한 마디로 미생(未生)
중의 미생, 초미생이었다.

당시에는 늦어도 20대 중반에 사회 생활을 시작하는 경우가
많았고, 20대 후반은 신입 사원으로 회사에 입사하기 쉽지 않은
나이였다. 어렵게 한 중소기업의 총무 부서에 일자리를 구했고

그곳에서 사회 분위기를 익히며 근무를 시작했다. 근무한 지 한 달가량 되던 어느 날 문득 책상 건너편에 앉아 있는 과장님의 얼굴을 보게 되었는데, '10년 후 내 모습이겠구나'라는 생각이 들었다. 당시 과장까지 승진하는데 보통 8~10년이 걸렸는데, 중소기업 과장의 연봉은 많아야 3천만 원이었다. 군 생활이 적성에 맞진 않았지만, 대위로 전역할 당시의 내 급여와 별로 차이가 없다고 느꼈다. 나는 고작 3천만 원의 연봉을 위해 그곳에서 10년간 에너지를 쏟고 싶지 않았다.

하루는 신문을 보다가 리조트 회원권 하나를 팔면 100만 원을 준다는 놀라운 광고를 접했다. 구인 광고를 낸 곳은 한일개발 대행사였다. '한일개발은 대한항공으로 유명한 한진그룹 계열사니 믿을 만한 곳이겠지!'라는 생각이 들었다. 나는 '바로 이거다!' 싶어 지원서를 냈다. 영업직이라 나이 제한이 없는 데다 장교 출신이라고 회사에서 면접 점수를 높게 줘서 어렵지 않게 입사할 수 있었다.

나는 그곳에서 '한진 VIP 멤버스 회원권'을 대행 판매하는 영업 업무를 담당하게 되었다. 해당 회원권은 항공, 호텔, 병원, 골프 등 VIP들이 필수로 생각하는 모든 서비스를 하나로 묶어 제공하는 상품이었다. 당시 가격은 4천만 원으로, 지금 돈으로 환산하면 4억 원가량 되는 고가 상품이었다. 입사는 쉬웠지만, 이렇게 비싼 회원권을 과연 누구에게 어떻게 팔아야 하느냐는 것은 실로 어려운 문제였다.

　나뿐만 아니라 부서 내 모든 팀원들이 두 달 동안 회원권을 한 장도 팔지 못했다. 그러자 회사에서는 마케팅 수단으로 TM(텔레마케팅)을 도입했다. 그 당시 TM은 기업 연감과 같은 DB(데이터베이스)를 가지고 회원권을 살 만한 인물을 특정해서 전화로 영업하는 것이었다. 요즘엔 통상적으로 쓰이지만 당시만 해도 TM은 새로운 전략의 마케팅 기법이었다. 하지만 이러한 노력에도 불구하고, 회원권을 사겠다는 사람은 한 명도 나오지 않았다.

　어쩌면 '당연한' 결과였다. 회사 내 '진짜 VIP'를 상대해본 사람이 한 명도 없었기 때문이다. VIP 마케팅이란 용어도 없을 때였다. '진짜 VIP'들이 누구인지, 어디에 있는지, 만나면 어떻게 다가가고, 어떻게 대해야 하는지 제대로 알고 있는 사람이 아무도 없었다. 더구나 당시 영업 풋내기였던 나는 무엇을 해야 하는지도 모른 채 그저 열심히 자리를 지키기만 했다.

　그렇게 VIP 회원권 판매율 0%라는 신기록을 매일 갱신하던 어느 날, 예상치 못했던 기회가 갑작스레 찾아왔다. TM을 담당하던 한 여직원이 드디어 '회원권에 관심을 보이는 주유소 사장님(?)'이 나타났다고 말했다. 그리고 같은 팀 영업 담당인 내가 맡게 되었다. 나는 그 사장님을 찾아가 VIP 회원권 판매를 성사시켜야 하는 임무를 맡았다.

주유소 김 사장님의 정체

◆◆◆

첫 영업에 부푼 마음을 안고 '주유소 사장님'을 뵈러 갔다. 지금은 사라졌지만, 당시 종로에 있던 쁘렝땅 백화점이 약속 장소였다. 백화점으로 오라고 하는 주유소 김 사장님이라니. 심상찮은 기운을 장소에서부터 느꼈어야 했는데, 당시 나는 군인 티도 미처 다 벗지 못한 사회 초짜였으므로 아무것도 몰랐다. 그분을 만나려면 백화점 몇 층으로 가야 하나 고민하다 우선 안내데스크에 가서 물었다.

"안녕하세요. 김 사장님을 뵈러 왔습니다. 몇 층으로 가면 됩니까?"

내 말에 안내 직원은 당황하는 기색이 역력했다.

"김 사장님이요? 사장님은 없는데요……."

"김승연 사장님이요."

"아!"

안내 직원은 짧은 탄식 후 내게 맨 안쪽의 엘리베이터를 타고 꼭대기 층까지 올라가라고 말했다. '사장실'로 한 번에 연결되는 엘리베이터인 모양이었다. 엘리베이터를 타고 올라가니 검은 양복을 입고 가스총을 찬 장정 두 명이 서 있었다. 그때 이런 생각이 들었다.

'여기 김 사장님 정도면 주유소가 1개는 아니겠구나!'

적어도 주유소를 2개는 가지고 있는 사장님일 거라고 생각한 것이다. 지금 생각하면 어처구니가 없을 정도로 순진한 생각이었지만, 그때는 내 나름대로 눈치껏 상황을 잘 파악했다고 자찬하고 있었다. 그들은 엄숙한 표정으로 내게 어떻게 왔냐고 물었다. 나는 살짝 위축된 목소리로 말했다.

　　"김 사장님을 뵈러 왔습니다……."

　　그들의 표정이 살짝 험상궂게 변했다. 나는 내가 뭘 잘못한 줄도 몰랐다. 그들 중 한 명이 되물었다. "뭐요?" 나는 했던 말을 반복했다. 그러자 그들은 어딘가에 전화를 했다. 그리고 잠시 후에 나는 어떤 회의실 같은 곳으로 안내됐다. 긴장이 되어 등에는 식은 땀이 흘렀다. 1분이나 지났을까(나에게는 아주 긴 시간처럼 느껴졌지만 말이다). 내 앞에 한 점잖은 신사가 나타났다.

　　"회장님을 만나러 오셨다고요?"

　　'회장님이라고?' 사장님이 아닌 '회장님'이라는 호칭이 내 머릿속을 강타했다. 내가 다른 말을 꺼내기도 전에 노신사는 아주 정중한 태도로 명함을 꺼냈다. 명함에는 '한화그룹 비서실장'이라고 적혀 있었다.

　　당시 한화그룹은 경인에너지라는 정유 회사를 경영하고 있었다. TM담당 여직원은 경인에너지 대표라는 이야기를 듣고는 주유소 사장님으로 착각했던 것이다. 게다가 나는 사회 초년생인데다 전역할 때까지 군대에만 있었던 사람이라 한화그룹이 어떤 회사인지도 얼마나 큰 그룹인지도 알지 못했다. 그러니 사실 그때 그 명함이 정확히 뭘 의미하는지도 몰랐다. 하지만 명함을 받고 나니 뭔가 확실히 잘못된 것 같다는 느낌이 들었다. 과연 어디서부터 잘못된 것인가. 하지만 그런 고민을 할 겨를도 없이, 상대로부터 명함을 받았으니 나도 명함을 건네줘야겠다는 생각이 들었다. 나도 '당당하게' 내 명함을 내밀었다.

내가 명함을 내밀며 당당했던 이유가 있다. 회사 내에서는 사원이었지만 대외적으로는 주임이었기 때문이다. 회사에서 '영업을 할 때는 사원이 말하는 것보다 주임이 말하는 것이 더 영향력이 있다'며, 명함에 주임이라는 직함을 새겨줬다. 그래서 나는 이 '주임'이라는 직함에 꽤 자부심을 갖고 있었다. 원래 자리보다 한 단계 더 높은 자리로 소개하는 것이니 어찌 자부심을 갖지 않을 수 있겠는가.

당시 내 명함을 받고 아주 미세하게 굳어지던 비서실장님의 얼굴이 아직도 선명하게 떠오른다. 그는 아주 점잖게 행동했지만, 나는 그의 달라진 표정을 확실히 느낄 수 있었다.

"정말 저희 회장님을 만나러 오신 게 맞습니까?"

"맞습니다."

"정말 저희 회장님과 약속을 하신 게 맞습니까?"

"맞습니다."

몇 번의 확인 후 정적이 흘렀다.

"잠시 기다리시죠."

회의실에는 나만 홀로 남겨졌다. 내 직감은 계속해서 '이건 아니다'라고 강력하게 외치고 있었다. 그냥 주유소 사장님도 아닌 무려 '회장님'을 내가 만나도 되는 것인가. 나는 주임도 아닌 그냥 사원일 뿐인데. 심지어 어쩌다 보니 떠밀려서 온 첫 영업인데, 그런 내가 '회장님'을 어떻게 상대할 수 있을지 너무나 두렵고 떨렸다. '이대로는 안 되겠다. 얼른 이 자리를 빠져나가야겠다!'는 생각이 든 나는 자리에서 벌떡 일어났다. 하지만 무슨 핑계를 대고 엘리베이터 앞에 지키고 서 있던 가스총을 찬 장정 두 명을 유유히 지나간단 말인가. 수상하게 보여 일이 꼬이면 큰일 아닌가. 나는 자연스럽게 빠져나갈 방법을 찾아봐야겠다고 생각하며 슬그머니 자리에 다시 앉았다. 그때 비서실장님이 다시 들어왔다.

사원이 대기업 회장님을 만나다

◆◆◆

"회장님이 곧 들어오실 겁니다."

그 말을 듣자마자 '올 게 왔구나!' 하는 생각과 함께 낭패감이 온몸을 휘감았다. 어떻게 손쓸 도리도 없이 순식간에 일이 진행되었다. '주유소 김 사장님'이 회의실로 들어온 것이다. 아니, 그분은 주유소 사장님이 아니었다. '한화그룹'의 대표 '김승연 회장님'이었다.

직접 마주한 회장님은 예상 외로 굉장히 수더분했던 것으로 기억한다. 겉모습이 아니라 태도가 그러했다.

"어어, 미안해. 내가 점심 약속 때문에 나가봐야 해. 우리 비서실장과 이야기해. 미안해. 미안해."

회장님은 들어오자마자 그렇게 미안하단 말을 연거푸 세 번이나 하고는 곧 나갔다.

나는 그 자리에 얼어서, 엉거주춤 일어선 채로 회장님께 얼른 나가 보시라고 까딱까딱 손짓을 했다. 남이 보기엔 전혀 깍듯하지 않고 막역한 사이에서나 할 수 있는 제스처였다. 그때부터 비서실장님은 나를 이상한 생명체 보듯 쳐다봤다. 회장님을 이렇게 편하게 대할 수 있는 이 젊은이는 과연 누구인지 무척 혼란스러웠을 것이다. 하지만 사실 나는 뼛속까지 긴장해서 실수한 것이었다. 너무 긴장한 탓에 무슨 정신으로 그렇게 했는지 모르지만, 어쨌든 회장님이 떠난 자리에서 나는 비서실장에게 최선을 다해 회원권을 소개했고, 마침내 계약서에 서명을 받아오는 데 성공했다. 회사로 돌아와 상황을 보고하자 회사는 발칵 뒤집혔다. 부서의 모든 사람이 나를 에워싸고는 물었다.

"진짜 한화그룹 김승연 회장님을 만났다고?"

럭셔리 마케팅이 시작되다

◆◆◆

이후로 나는 소위 상류층이라고 불리는 여러 고객들을 만났지만, 영업을 하는 데 큰 두려움을 느끼지 않게 되었다. 내가 만난 첫 고객이 무려 한화그룹의 회장님이었으니 말이다. 불필요한 긴장을 하지 않으니 고객들도 편하게 나를 대했다. 그렇게 나는 내가 원하는 바를 정확하고 매력적으로 소개했고, 그들이 원하는 것이 무엇인지 분명하게 파악할 수 있었다. 나는 어느새 팀의 히어로가 되어 있었고, 같은 해 팀장 자리까지 올라갈 수 있었다.

지금 생각해 보면 내가 엉겁결에 만나게 된 첫 고객이 '진짜 VIP' 한화그룹 김승연 회장님이었던 것과, 회장님이 아무것도 몰랐던 젊은 시절의 나를 편하게 대해줬던 것이 내게는 행운이었던 것 같다. 그렇게 내 럭셔리 마케팅은 시작되었다.

신발을 보면
성향을 알 수 있다

첫 만남에서 상대방의 공감을 이끌어내라
◆◆◆

미국에서 부자를 가리키는 말 중에 '빌리어네어(Billionaire)'가 있다. 이들은 그냥 갑부가 아닌 초갑부, 단순 부자를 넘어서는 빅리치다. 리치 마케터(Rich Marketer)에게 이들과의 첫 만남은 굉장히 중요하다. 첫 만남에서 상대의 많은 것을 파악해야 하는데, 그렇게 단번에 상대의 속내를 알아내는 것은 여간 어려운 일이 아니다. 그래서 리치 마케터들은 첫 만남에서 보통 옷을 주제로 대화를 시작하곤 한다. 옷이 그 사람의 성향을 상당 부분 반영한다고 보기 때문이다. 그래서 흔히 '넥타이가 멋지다', '슈트가 잘 어울린다' 등의 대화가 오고 간다. 하지만 정작 상대에게 이런 이야기는 진정성 없는 뻔한 이야기로 들리는 경우가 많다.

첫 만남에 빠르게 상대방을 파악해서 공감할 만한 이야기를 끌어내야 하는데, 그게 쉽지 않다. 옷도 물론 좋은 방법이지만, 부족한 면이 많다. 모두가 정장을 입는 결혼식이나 검은색 계열의 옷을 입는 상갓집, 기타 드레스 코드를 맞춰야 하는 격식 있는 자리에서는 옷만으로 그 사람의 특성을 파악하기 어렵다. 특히 남성은 옷차림에 취향을 잘 드러내지 않는 경우가 많다. 그럼 어떻게 해야 할까?

나는 늘 옷과 함께 '신발'에 관심을 집중한다. 누군가를 처음 만날 때, 대부분은 악수를 하며 인사를 나누고 나서 바로 이야기를 시작한다. 하지만 나는 악수를 하면서 잠시 고개를 숙이는 짧은 순간에 상대의 '신발'을 본다. 신발을 보면서 상대방의 성격을 짐작해 보고 그에게 어떤 말을 해야 할지 빠르게 정리한다.

옷은 드레스 코드에 맞춰 입더라도 신발은 본인이 정말 좋아하고 편안한 것을 신는 경우가 많다. 그래서 신발을 유심히 살피면 상대방이 대략 어떤 성향인지 빠르게 파악할 수 있다. 예를 들어 일반적으로 남자들은 검정 구두를 많이 신는데, 블루나 브라운 색의 구두를 신고 있다면 그 사람은 개성을 중요시하며 좀 더 외향적인 성격이라고 추측할 수 있다.

신발 모양에서도 성격이 드러난다. 그동안 만난 사람들을 분석해 볼 때, 스트레이트 팁(Straight Tip, 구두 앞 끝에 일직선의 이음매가 있는 디자인으로 장식된 것)이 있는 옥스퍼드화(Oxford靴, 목이 짧고 발등을 덮으며, 발등 부분을 끈으로 매어 고정시키는 굽이 낮은 구두)를 신은 사람은 성격이 차분하고 비교적 내성적이다. 따라서 과장된 표현 방식을 선호하지 않는 경우가 많았다. 이런 사람들은 보다 정중한 태도를 선호하며, 수치를 곁들인, 분명하고 확신에 찬 설명을 듣는 것을 좋아한다. 반면에 윙 팁(Wing Tip, 날개 모양의 구두코, 즉 W자형의 앞부리 장식) 옥스퍼드화를 신은 사람은 활동적이고 자신을 드러내기 좋아하는 성향을 지녔다. 이들에게는 조용조용하게 이야기하는 것보다 유머러스하고 유쾌하게 대화하고 접근할 때 선호도가 더 증가했다.

요즘은 구두 대신 명품 스니커즈를 신는 사람이 많아졌다. 흔히 스니커즈를 신는 사람들은 모두 활동적이고 자유분방한 사고방식을 가졌을 것이라고 단순하게 생각하기 쉽다. 하지만 명품 신발이라는 사실을 드러내는 사람과 드러내지 않는 사람으로 구분해서 판단해야 한다. 명품을 드러내는 사람은 자기 이야기하는 것을 좋아하는 사람이므로 그 사람의 이야기에 장단을 맞춰줘야 한다. 반면에 명품임을 드러내지 않는 사람은 조용하고 차분한 성격인 경우가 많으므로 필요로 하는 것을 편하게 찾을 수 있는 분위기를 만들어주는 것이 중요하다.

신발 보는 습관을 들여라

◆ ◆ ◆

2012년도 성격연구학회지(Journal of Research in Personality)에 실린 소논문에 '신발을 보는 첫인상'이라는 내용이 실렸다. 미국 캔자스대학교와 웰즐리칼리지에서 진행한 연구로, 이 실험에는 63명의 관찰자와 208명의 참가자가 참여했다. 자주 신는 신발 208켤레를 보고 그들의 성별, 나이, 수입, 사회적 지위, 더 나아가 정치 성향까지 파악했는데, 이는 사전 설문 결과와 90% 일치할 정도로 정확했다고 한다.

상대의 신발에 주목하는 것은 아주 간단하면서도 매우 효율적인 방법이다. 20여 년 동안 수많은 부자들을 만나면서 나는 주로 신발을 통해 고객의 성향을 유추했다. 옷보다는 신발을 통해 파악한 느낌이 실제 맞는 경우가 훨씬 많았다. 신발 하나만 유심히 봐도 그 사람의 전반적인 분위기를 살필 수 있다. 현재 상대방의 상태가 어떤지, 어떤 취향인지, 또는 보수적인지 개방적인지, 오래 지내보지 않고도 알 수 있다.

여성들의 신발은 천차만별이고 개성이 넘친다. 할리우드의 스타일리스트로 활동했던 캐시 칼라다(Kathy Kelada)는 2016년도에 출간한 《Be the Shoe(신발이 되라)》라는 책에서 굽 높이에 따라 여성들의 성격을 파악할 수 있다고 했다.

굽이 2cm 미만인 플랫 구두를 즐겨 신는 여성은 성실하고 겸

손하며 남의 시선에 비교적 덜 신경 쓴다고 하고, 2~4cm 정도의 로우힐(키튼힐)을 자주 신는 여성은 비교적 편안하고 단정함을 추구하는 편으로 비즈니스 상황에서도 보다 안전할 길을 선택할 가능성이 높다고 한다. 반면에 7cm 이상의 하이힐을 즐겨 신는 여성은 보통 자기주장이 강하고 중심에 서는 것을 즐기며, 리더를 지향하는 성향이 크다고 이야기했다.

물론 신발도 상황에 따라 다르게 신을 수 있지만, 첫 만남에서 짧은 시간에 상대방을 파악하는 데 도움이 되는 것은 사실이다. 얼굴을 보고 옷을 보고 마지막으로 신발까지 본다면, 상대에게 조용하고 차분하게 말할 것인지, 아니면 힘차고 당당하게 이야기할 것인지 판단할 수 있을 것이다. 상대가 외향적인지 내향적인지 판단을 빨리 내릴수록 속내를 파악하기 쉬워지고 거래 성사율도 높아진다. 이제부터 누군가를 처음 만나면 인사를 할 때 고개를 숙이면서 신발을 자연스레 보는 습관을 들이자.

부자가 될 것이라는
강한 확신이 있다

부자의 길을 걷는 사람들의 특징

◆◆◆

"당신은 부자가 되고 싶은가?"

이 질문을 받고 떠오르는 대답이 있을 것이다. 당신은 어떤 대답을 하려고 했는가?

"뭐, 당연히 부자가 되고 싶긴 하죠."

"음……, 뭐…… 안 되고 싶은 사람 있나요?"

"부자 되기 싫은 사람 있나요?"

내가 이렇게 질문을 던지면 대다수의 사람들은 부자가 되고 싶다고 말했다. 그런데 다양한 답변 가운데 공통점이 있었다. 결론은 '당연히' 부자가 되고 싶다는 것인데, 앞에 꼭 '음, 어, 뭐'와 같은 간투사를 붙인다는 점이었다. 확실하게 대답하지 않고 머뭇거리거나 황당한 질문을 받았다는 듯, 당연히 모두가 부자가 되고 싶어 한다면서 '내'가 아닌 '모두'의 이야기로 던져버리는 경우도 많았다.

분명 부자가 되고 싶은 마음이 있는데, 왜 우리는 확실하게 대답하지 않고 머뭇거리는가. 부자가 되고 싶다고 말하기에 현재 처지와 너무 동떨어진 이야기라서 그런 걸까. 로또 1등에 당첨되는 일처럼 확률이 적은 일이라고 생각해서 그런 걸까.

이런 대부분의 반응과 달리, "부자가 되고 싶은가?"라는 질문을 했을 때 아주 가끔 당당하게 대답을 하는 사람이 있다.

"난 부자야. 난 어차피 부자가 될 거니까 지금 부자거든."

"네! 전 부자가 되고 싶어요!"

그들은 현재 처지와 상관없이 자신의 꿈과 바람을 이야기하고, 오히려 질문하던 내가 당황할 정도의 당당함을 뿜어낸다. 믿기지 않지만 나는 위와 같이 대답한 사람들을 몇 명 봤는데, 그들은 진짜로 부자의 길을 걷게 되었다.

상상의 힘을 믿어라

♦♦♦

내가 만난 부자들은 자신이 부자가 될 거라는 강한 확신을 가지고 살아온 사람들이었다. 그들에게는 부자가 될 거라는 긍정적인 믿음이 있었다. 그런 부자들을 많이 만나면서 내가 깨달은 것은, 누군가 '부자가 되고 싶은가?'라고 물었을 때, 정말 부자가 되고 싶은 꿈이 있다면 그 꿈을 정확하고 확실하게 이야기해야 한다는 것이었다.

더러 이런 말을 하는 사람도 있다.

"나는 딱히 돈 욕심 없고 그냥 애들 먹고 사는 거 지켜보고, 뭐 중상층 정도 되면 되지 굳이 아등바등 살아야 하나. 악착같이 돈 모아서 어디다 쓸 거야? 남에게 폐 안 끼치고 살면 되지."

특히 이런 말을 하는 중년 남성들이 많은데, 현재 자신의 삶에 만족해서 하는 대답이 아니라 자기합리화를 하는 것이다. 잘되는 사람들은 아등바등 살고 악착같이 돈을 모았다는 표현으로, 은근슬쩍 경멸과 시샘의 시선을 담고 있다. 이와 같은 사람은 자신이 말한 거기까지만 노력하고 산다. 현재 위치에 안도하면 거기서 끝이다. 괜히 사람들이 꿈을 크게 가지라고 말하는 게 아니다. 실제 부자들을 보니 일리 있는 말이었다.

성공한 사람들은 상상의 힘을 믿는다. 운동선수들의 이미지 트레이닝이 대표적인 예다. KBS 다큐멘터리 〈마음〉 2편 '생각하는 대로 이루어진다'라는 프로그램에는 세계 육상 선수권 대회에서 금메달을 딴 아사리 준코의 이야기가 나온다. 그녀는 대회 7개월 전부터 마라톤 코스를 달리고 있는 자신의 모습을 계속 머릿속에서 그렸고, 본 경기에 임할 때 머릿속에서 그린 그대로 했다고 한다. 금메달을 목에 거는 모습, 국기가 정중앙에 오르는 모습까지 구체적으로 상상했고 그렇게 될 거라고 믿었다. 이러한 이미지 트레이닝은 아사리 준코 뿐만 아니라 골프 황제 타이거 우즈를 비롯해 여러 운동선수들이 널리 사용하고 있는 방법이다.

부자가 될 수 있다는 확실한 믿음을 가져라

◆◆◆

부자 되는 방법을 이야기하는 책이 서점에 많다. 부자와 관련된 책들이 매년 베스트셀러가 된다. 사람들이 어떻게 하면 부자가 될 수 있을지 늘 궁금해하기 때문이다.

부자가 되기 위해 사업을 잘하고 돈을 잘 굴리고 대출을 잘 받는 것도 중요하지만, 그보다 더 중요한 것이 있다. 바로 부자가 될 수 있다는 긍정적인 믿음이다. 긍정적인 믿음은 꿈이 실제로 이루어지게 하는 어마어마한 힘을 갖고 있다. 사람을 움직이게 하며, 세상을 다르게 보는 눈을 갖게 한다.

나와 같이 일하던 직원 중에 큰 부자가 된 친구가 있다. 그는 부자가 되기 전 평범한 사람이었을 때도 늘 비싼 옷을 입고 다녀서 왜 이렇게 옷에 돈을 많이 쓰냐고 물었던 적이 있다. 그러자 그는 이런 옷을 입으면 자신이 실제 부자가 된 것 같은 느낌이 들고 부자가 될 수 있다는 확신을 갖게 된다고 말했다. 그리고 부자가 될 때를 대비해서 부자 마인드와 부자다운 행동을 해야 한다는, 일반인이 듣기엔 엉뚱한 대답을 내놓았다.

결국 그는 늘 입버릇처럼 말하던 1천억 대 부자가 되었다. 단지 부자가 되기 위해 열심히 노력하는 것에 그치지 않고 정말 부자가 되기 위해, 마치 자신이 부자가 될 걸 알고 있었던 것처럼 이미지 트레이닝을 한 게 아닌가 싶다.

하고 싶은 분야를 열심히 파면서 "나는 이 분야에서 꼭 성공을 해서 부자가 될 거야!"하는 믿음을 가진다면, 세상을 보는 눈이 달라지고 삶의 태도도 달라진다. 그러면 자연스레 합리적이고 영리한 방법이 눈에 들어올 것이다. 합리적이고 영리한 방법이라는 표현을 썼는데, 단지 '열심히'가 아니라 목표를 크게 세우고 '영리하게' 열심히 해야 한다. 그리고 그 전제조건은 물론 '부자가 될 수 있다'라는 긍정적인 믿음이다. 모두 부자가 되고 싶은 마음이 있다. 하지만 진짜 부자가 될 수 있다는 확신을 가진 사람은 별로 없다.

세계적인 성악가 조수미 씨는 21세에 성악 공부를 위해 단돈 300달러를 가지고 외국 공항에 도착했을 때 이런 생각을 했다고 한다.

'그래, 어차피 될 놈은 된다. 난 될 수밖에 없는 사람이다.'

세상에는 두 종류의
부자가 있다

부자의 스타일을 파악하라

◆◆◆

부자들을 대상으로 마케팅을 하기 위해서는 먼저 내가 만나는 사람이 어떤 스타일의 부자인지 빨리 파악해야 한다. 이는 상대를 만나고 나서 이루어지는 작업이 아니라, 사전 조사에서 이루어져야 하는 부분이다. 사전 조사를 하면서 상대가 어떤 사업을 하고 있는지, 어떤 이력을 갖고 있는지 등을 살펴보면 대략 어떤 스타일의 부자인지 알 수 있다.

부자의 유형은 다양하지만, 나는 처음 만나는 부자의 경우, 크게 2가지 정도로 나눠서 생각한다.

먼저 'ing형 부자'다. ing형 부자는 말 그대로 현재 진행형인 부자다. 이들은 이미 부자지만 더 큰 부자가 되고 싶어 한다. 계속 사업을 하면서 열심히 활동하고, 투자에 아낌이 없다. 사업적인 목표를 중시하며 구체적이고 진취적이다. 쉽게 말해, 어떤 사람이 1천억 대 자산가라고 한다면 현재에 만족하지 않고 2천억 대 자산가가 되기 위해 달려가는 부류다.

다음은 'Give형' 부자다. 이들은 현재에 대체로 만족하며, 사업을 확장해 더 큰 돈을 벌기보다는 건강을 챙기고, 사회 봉사 등을 하며 현재의 삶을 즐기고자 한다. 기부에도 많은 관심을 보이고, 사회에 기여하는 여러 활동에 능동적으로 참여한다.

두 부류를 나누는 데 성별은 상관없지만, 대체적으로 Give형 부자에는 여성이 많은 편이다. 배우자가 돈을 벌고 본인은 일을 쉬고 있거나, 사별해서 전문 경영인을 두고 있는 경우다. 최근에는 진취적으로 일하는 여성 경영자들이 많아지면서 ing형 여성 부자들이 늘고 있다.

비율을 따져보면 ing형 부자들이 80%, Give형 부자들이 20% 정도 된다. 물론 경계가 딱 나뉘어 있지는 않다. ing형 부자들도 기부와 봉사를 하고 휴식과 여유를 찾는다. Give형 부자도 사업을 위해 투자를 한다. 다만 어느 쪽에 더 많은 관심을 갖고 있는지가 중요하다.

이 점은 특히 부자 고객을 처음 만났을 때 놓쳐서는 안 되는 부분이다. 어떤 스타일인지 먼저 파악해야 그 사람에 맞게끔 대화를 나누고 관심을 끌어낼 수 있다. 예를 들어 ing형 부자들에게는 사업이나 투자에 관한 이야기를 하면서 진취적이고 적극적인 분위기로 다가가면 그들의 관심을 끌 수 있다. 반면에 Give형 부자들에게는 몸과 마음에 힐링이 되는 정보들을 주제로 이야기하는 것이 좋다. 그들에게 사업 투자나 부를 축적할 수 있는 방법만 계속 이야기한다면 답답해할 수 있다.

진짜 빅리치는
티가 나지 않는다

수도꼭지를 황금으로 도금한 최고급 주택

◆◆◆

현재 우리나라에서 가장 비싼 아파트가 어디일까? 2021년 국토부가 발표한 전국 공동주택 가격에 따르면 강남구 청담동 '더펜트하우스 청담(PH129)'이 1위를 차지했다. 뒤이어 서초동 '트라움하우스5차', 3위는 청담동 '효성빌라 청담101'이 그 뒤를 잇고 있다. 그중 TOP 10의 자리를 지키고 있는 아파트가 있다. 바로 삼성동 아이파크다.

삼성동 아이파크는 나와 인연이 많은 아파트다. 삼성동에 위치한 이 아파트는 'I PARK'라는 브랜드를 최초로 붙인 아파트로 현존하는 아이파크 아파트 중 최고다. 지금도 펜트하우스의 경우 100억 원이 훨씬 넘는다. 하지만 지금의 아이파크는 2000년 11월 처음 분양할 당시와는 느낌이 사뭇 다르다. 당시에는 최소 평수가 69평으로, 80평형대, 90평형대를 포함해 346세대로 구성된 고급 중의 최고급 아파트였다(현재는 설계를 변경해 181~350㎡, 449가구를 공급하고 있다). 수도꼭지도 황금으로 도금할 정도로 '최고급 럭셔리'를 지향하는 아파트였다.

이렇듯 삼성동 아이파크는 시공사 HDC현대산업개발이 프리미엄 주거단지에 대한 수요를 겨냥해 초고층 최고급으로 건설한 아파트였다. 그러나 분양을 시작할 때 즈음, 외환위기로 인해 부동산 경기가 극심한 침체 상황에 놓이게 되었다. 특히 고가의 프리미엄 아파트 분양은 직격탄을 맞았다. 모델하우스의 문을 열어둬도 하루에 한 명이 올까 말까 할 정도였다. 시공사는 가장 뛰어난 영업 사원을 수십 명 배치하고, 분양대행사도 몇 군데나 바꿔가며 노력했지만, 여전히 분양이 녹록치 않았다. 당시 고급 주택과 빌라를 분양하고 있던 나에게 연락이 왔다. 기존 아파트를 분양하던 방식으로는 도무지 답을 찾을 수 없었던 것이다. 그렇게 내가 삼성동 아이파크 분양을 담당하게 되었다.

분양을 맡은 이후 어쩌다 한 채씩 판매가 되긴 했지만, 이렇게 한 채씩 팔아서 언제 다 팔까 싶어 여러모로 고민되는 날이 많았다. 그러던 어느 날 혹독하리만큼 추운 날씨에 초라한 행색의 한 남자가 모델하우스를 찾아왔다.

"너무 추운데 잠시 들어가도 될까요?"

◆◆◆

손님 한 명 없는 횅한 모델하우스에서 모든 직원들이 판매 실적과의 고독한 싸움을 이어가던 날이었다. 40대 중반으로 보이는 한 남자가 몸을 잔뜩 웅크리고는 추워하면서 안으로 들어왔다. 이 남성은 하얀 바지를 입고 있었는데, 대체 얼마나 세탁을 하지 않았는지 때가 꼬질꼬질하게 묻어 흰색이라고 보기 어려울 지경이었다. 윗옷으로는 추워 보이는 얇은 항공 점퍼를 걸치고 있었다. 워낙 방문객이 드문 탓에 누군가 들어오기만 해도 자연스레 시선이 가는 상황에서, 눈에 띄게 초라한 차림을 한 그 남자의 등장은 모든 직원의 이목을 끌 수밖에 없었다.

남자가 꺼낸 말은 더욱 기가 막혔다.

"아, 추워. 죄송해요. 지나가다가 너무 추워서…… 여기 아파트 분양하는 거예요? 봐도 돼요?"

고급아파트 모델하우스는 일반적으로 예약제로 운영된다. 입구를 지키고 있던 경호원들은 그의 이례적인 등장에 예약은 했느냐고 물었고 그는 예약을 하지 않았다고 답했다. 예약도 하지 않았다는 그의 말과 그 초라한 행색 때문에 아무리 봐도 최고급 아파트를 정말로 구매하러 온 사람처럼 느껴지지 않아서 직원들은 그가 들어오는 것을 막았다.

그 남자는 포기하지 않고 들어가서 구경하면 안 되겠느냐고 재차 물었다. 영업 과장이 그에게 다가가 "죄송하지만 예약이 되어 있지 않으면 볼 수 없으니 다음에 예약 후에 방문해 주세요"라고 말했다. 말은 그렇게 했지만 '당신 같은 사람이 볼 만한 아파트가 아니다'라는 뉘앙스가 담겨 있었다. 남자는 이에 아랑곳하지 않고, "집이 꽤 좋아 보이는데 구경하고 싶다"라고 계속 요청했다. 그렇게 조용하다 못해 썰렁했던 모델하우스는 그 남자로 인해 금세 소란스러워졌다.

내공 있는 눈빛에 빠져 VIP 룸에 안내하다

◆◆◆

당시 그곳의 분양 대행 총괄 본부장으로 일하고 있었던 나는 어수선한 분위기를 감지하고 상황을 정리하기 위해 나섰다. 무슨 일이냐고 묻자 영업 과장은 상황을 보고하면서 '빨리 저 사람을 내보내자'라는 눈빛을 은밀히 보내왔다. 뒤이어 그 남자와 눈이 마주쳤다. 그런데 정말 이상하게도 그의 눈빛이 뭔가 장난으로 한번 이곳을 구경해 보겠다는 느낌이 아니었다. 거짓말이 아닌 듯한 눈빛이랄까. 비록 겉으로는 초라한 행색을 하고 있었지만 뭔가 내공이 있어 보였다. 이 느낌이라는 것이 참 모호해서 정확하게 설명하기 어렵지만, 초라한 행색과 달리 그의 얼굴에서는 뭔가 귀티(?)가 났다.

나는 영업 과장을 불러 그에게 이곳을 구경시켜주라고 이야기했다. 영업 과장은 처음엔 내 심중을 헤아리지 못하고 "대충 하나만 보여주고 돌려보내겠다"라고 했지만, 나는 "전부 다 보여주고 VIP 룸으로 모셔오라"라고 했다. VIP 룸에서 이 사람의 반응을 좀 더 자세히 보고 싶었다.

약 한 시간가량 모델하우스를 구경한 그가 VIP 룸으로 와서 내게 한 첫마디는 이러했다.

"와! 여기 되게 좋네요. 정말 멋져요."

VIP 룸은 최고급 장식으로만 꾸며져 당연히 호화스러웠다. 남자는 연신 VIP 룸의 인테리어만 칭찬하다가 갑자기 아무렇지도 않게 집을 구매하고 싶다고 말했다. 그가 구입하겠다고 한 집은 20억 원 후반대로 현재 가치로는 약 60억 원 정도인 90평형대의 집이었다(분양 초기에는 90평형대를 판매했지만 반응이 좋지 않아 현재는 70평형대로 바뀌었다). 나는 그의 말을 반신반의하며 "네, 그러세요"라고 답했다. 그런데 그 남자는 이어서 또다시 의외의 말을 던졌다.

"그런데 이게 다예요?"

"위에 펜트하우스도 있기는 합니다만…….."

"아까 안 보여주던데요?"

펜트하우스는 최고 VIP들에게만 보여주는 공간이었다. 이 초라한 행색의 남자가 이게 전부냐면서 펜트하우스를 보고 싶다고 하는데, 그에게 펜트하우스를 보여줘야겠다는 생각이 들었다. 일종의 오기가 생겼던 것인지도 모른다.

"그럼 펜트하우스도 보실래요?"

"네, 보여주시면 감사하겠습니다."

내가 이 남자에 대해 반신반의하면서도 정성을 다해 응대했던 이유가 2가지 있다. 첫째, 정말 모델하우스에 사람이 없었다(조금은 심심했다고나 할까). 둘째, 그의 눈빛이 잊혀지지 않을 정도로 인상 깊어서 '혹시나' 하는 마음이 들었기 때문이다.

부자를 상대로 고급 주택을 많이 소개하다 보니 돈이 많은 사람들 중에는 외모에 신경을 쓰지 않는 경우가 의외로 많다는 사실을 알고 있었다. 오히려 편하게 입고 오는 사람일수록 빅리치인 경우를 많이 봤다. 그래서 이번에도 혹시 모른다는 생각으로 그를 펜트하우스까지 보여주며 응대했던 것이다.

아니나 다를까. 펜트하우스를 둘러본 그는 90평형대와 방금 보여준 펜트하우스까지 사겠다고 했다. 두 채를 합치면 60억 원, 현재 가치로 100억 원이 넘는 금액이었다. 두 채를 사려고 하는 이유를 묻자 "부모님은 두 분이니 90평형대에 살고, 나는 자식도 있고 와이프도 있으니 좀 더 넓은 펜트하우스에 살면 딱 맞을 것 같아요"라고 대답했다. 본격적으로 계약금 이야기가 나오자 그는 계약금의 10%인 6억 원가량을 가지고 내일 2시에 오겠다고 했다.

이런 상세한 이야기가 오고 가는 중에도 나는 그에 대해 분명한 확신이 서지는 않았다. 이렇게 이야기하고서는 다시 오지 않는 손님도 여러 번 있었기 때문이다. 그리고 솔직하게는 그가 이러한 고가 아파트를, 그것도 두 채나 살 만한 사람의 행색으로는 도저히 보이지 않았던 것도 사실이다.

그 남자가 떠나자 직원들은 그와 어떤 이야기가 오고 갔는지 묻기 시작했다. 나는 사실대로 그가 내일 90평형과 펜트하우스, 총 두 채를 계약하기로 했다고 말했다. 그러자 직원들은 새어 나오는 웃음을 참지 못했다. 어떤 직원은 "왜 두 채밖에 안 산대요? 그냥 다 사라고 하시지"라며 비꼬듯 말했다. 어떤 직원들은 '그 남자가 커피 마시러 내일 또 온다, 안 온다'로 내기를 벌이기까지 했다. 그도 그럴 것이, 그는 상담하는 동안 커피가 맛있다며 연거푸 두 잔이나 마셨고, 매장 밖을 나가면서는 "어, 이거 비싼 사탕이네"하며 사탕을 한 움큼 챙겨갔다. 그의 그런 행동들 때문에 진짜 펜트하우스를 사러온 사람으로는 보이지 않았던 것이다.

초라한 행색을 한 남자의 정체

◆◆◆

하루가 지나고 다음 날 2시가 되었다. 그 남자는 나타나지 않았다. '그럼 그렇지.' 그의 방문 여부에 관심을 가졌던 모든 직원들이 그렇게 생각하는 눈치였다. 다소 실망스럽긴 했지만, 나 역시 반신반의하던 상태였기 때문에 이 같은 결과가 크게 놀랍지는 않았다.

시간이 좀 더 흘렀을 때였다. 모델하우스 앞으로 웬 구급차한 대가 멈춰 섰다. '누가 다쳤나' 하는 생각에 걱정스러워 나가보니, 구급차에서 내린 사람은 다름 아닌 바로 어제 그 남자였다. 어제와 똑같은 행색으로 때가 가득 낀 흰색 바지에 얇은 항공 점퍼를 걸치고 있었다. 지켜보던 이들은 모두 당황해서 아무말도 못하고 있었다. 그는 아무렇지 않은 듯 어제와 같이 몸을잔뜩 웅크리며 너무 춥다고 하더니 이렇게 말했다.

"어제 그 VIP 룸으로 가는 거죠?"

이즈음 되면 내가 그 남자의 분위기에 압도되었던 것 같기도 하다. 자연스레 그를 VIP 룸으로 안내하고 있었으니 말이다. VIP 룸에서 계약금 관련 이야기가 나오자 그는 잠시 생각하는듯하더니 대뜸 이렇게 물었다.

"80평형도 있다고 했죠?"

"네, 있죠."

왜 갑자기 묻나 싶어 나는 시큰둥하게 대답했다. 그러자 그는 "80평형은 동생에게 사주고 싶어요"라는 것이었다.

갑자기 집을 세 채나 사겠다는 이야기를 들으니 놀라다 못해이젠 그의 진정성에 의문이 들었다. '진짜 장난하는 건가' 싶었지만 일단 그냥 궁금한 것이나 물어보자 싶어서 질문을 던졌다.

"네, 그러시죠. 근데 왜 구급차를 타고 오신 거예요?"

그의 대답은 간단했다.

"아, 그거 우리 병원 차예요."

나는 할 말을 잃었다. 그는 강남에서 큰 병원을 운영하고 있는 병원장이었다. 그는 그날 약 10억 원에 가까운 계약금을 들고 왔고, 펜트하우스를 포함해 아파트 세 채를 그 자리에서 계약했다.

이 소식을 들은 직원들은 당연히 놀랄 수밖에 없었다. 그의 행색은 정말 최고급 아파트를 세 채나 살 수 있는 사람의 차림새라고 보기는 힘들었다. 직원들은 그가 대체 왜 그런 초라한 행색으로 다니는지 궁금해했다. 나 역시 궁금했던 터라 그가 떠나기 전에 마지막으로 옷차림에 대해 물어봤다. 그의 대답은 이러했다.

"요즘 세상이 무섭잖아요. 돈이 많아 보이면 해코지할까 봐서요. 그래서 저는 중요한 일 아니면 차려 입지 않아요. 죄송합니다. 제 차림새가 이래서. 그런데도 저를 이렇게 따뜻하게 대해주셔서 감사합니다."

나는 다시 한번 빅리치들의 행동 패턴을 떠올리게 되었다. 어쩌면 그의 행동이 빅리치를 닮아 있다 보니 나도 모르게 그에게 정성스레 응대하게 되었는지도 모르겠다. VIP들은 확실히 그들만이 가진 분위기가 있다.

빅리치와 스몰리치의
접근법은 달라야 한다

빅리치들의 행동 패턴

◆◆◆

고급 주택을 처음 사러 오는 사람과 두 번째인 사람, 늘 고급
주택에서 살아왔던 사람은 확실히 다르다. 처음 사러 오는 사람
의 경우 직원들에게 '나는 이런 고급 주택을 구입하는 게 처음이
아니다'라는 느낌을 주려고 노력한다. 실제로는 이런 곳이 처음
이지만, 으레 많이 와봤던 것 같은 행동을 한다. 그러나 실제로
이미 고급 주택에서 살고 있거나 고급 주택을 많이 접해봤던 사
람은 오히려 반대로 행동하는 경우가 많다. "와, 여기 너무 좋네
요. 집이 너무 멋져요. 조명도 아주 좋은 걸로 달았네요" 하면서
연달아 칭찬을 한다. 많은 마케터들이 이러한 모습을 보고 고급

주택에 안 살아본 사람이라고 잘못 판단하는 실수를 범한다.

부자들이 이런 행동을 하는 이유를 추측해 보건대, 그들 나름의 '고도의 전략'이 아닌가 하는 생각이 든다. 부유하다는 티가 나면 덤터기를 쓰거나 받을 수 있는 할인 혜택을 받지 못할 것이라고 생각하는 것이다. 지나친 관심의 시선을 부담스러워하거나 해코지를 당하는 것을 두려워하는 경우도 있다. 그래서 진짜 부자들은 오히려 부자 티를 내지 않기 위해 노력한다.

스몰리치는 할인을 이야기하지 않는다

◆◆◆

일반적으로 TV 드라마에서 접하는, 남에게 으스대는 부자의 모습은 사실 스몰리치(Small Rich), 즉 졸부들의 모습에 가깝다. 그들은 절대 고급 매장에서 할인해 달라고 이야기하지 않는다. 오히려 더 비싼 건 없냐고 물어본다. 매장 직원이 할인해 주겠다는 말을 건네면 본인이 무시당한다고 생각하기 때문이다. 이와 반대로 빅리치는 할인을 당당하게 요구한다.

빅리치와 스몰리치의 차이점을 잘 간파하고 있다면, 그들을 상대로 어떻게 영업을 해야 하는지 알게 될 것이다. 스몰리치들에게는 그들의 욕망을 자극해서 더 고가의 상품을 판매할 수 있다.

예를 들어 스몰리치 손님이 벤츠 자동차를 사러 매장에 방문했다고 가정해 보자. 자동차 판매원은 어떻게 응대해야 할까? "고객님 정도면 더 좋은 차 사셔야 하지 않을까요? 지금 보신 차는 벤츠 중에서도 정말 처음 타보는 사람들이 타는 차거든요." 이것이 스몰리치들이 듣고 싶은 말이다. 이제 그들은 더 저렴한 차를 사고 싶어도 그들의 자존심이 용납하지 않게 된다. 설령 고가의 자동차를 처음 산다고 하더라도 말이다.

편견에서 벗어나라

◆◆◆

세상에는 수많은 편견이 존재한다. 흔히 '부자들은 이럴 것이다'라는 생각도 편견에 가깝다. 20년 전 초라한 행색을 하고 모델하우스를 찾았던 남자를 향한 편견, 부자들은 이런 옷을 입고 이런 행동을 할 것이라는 편견. 만약 그때 그 남자를 행색만으로 판단했다면 중요한 VIP 고객을 놓쳤을 것이다. 적어도 리치 마케터라면 편견에서 벗어나 진짜 부자를 보는 안목을 길러야 한다. 더 나아가 어떤 유형의 부자인지, 그 부자들이 어떤 것을 좋아하는지 파악해 그에 맞게 응대할 수 있어야 한다.

다시 한번 강조하건대, 짐이 가득 찬 수레는 오히려 고요하다. 진짜 빅리치들은 티가 나지 않는다는 사실을 명심하길 바란다.

DISC 유형으로 보는
부자의 행동

리치 마케터에게 추천하는 심리 이론

◆ ◆ ◆

마케팅은 심리학과 밀접한 연관이 있다. 심리학이 적용되지 않는 분야는 거의 없다고 봐도 무방하지만, 특히 마케팅에서는 소비자의 심리적인 움직임을 알고 있어야 구매로 이어지는 적절한 자극을 만들어낼 수 있다. 마케팅에 관한 한 심리학 연구에 따르면, 어떤 제품을 구매할 때 이성적이고 합리적인 판단보다, 감정적이고 본능적인 욕구가 구매 결정에 더 중요한 역할을 한다고 한다. 그래서 많은 마케터들은 소비자의 감정과 본능적인 욕구에 관한 심리적 메커니즘을 연구하고 이를 마케팅에 적용한다. 이는 럭셔리 고객에게도 적용될 수 있다. 다만 그들의 심리는 일반 고객보다 더 까다롭고 섬세하다.

리치 영업에 처음 뛰어들었을 당시 나는 어떻게 하면 부자들의 행동과 심리를 잘 파악할 수 있을지 많은 고민을 했다. 사람들의 심리와 행동을 파악하기 위한 이론에는 여러 가지가 있는데, 그중에 리치 마케터들에게 추천하는 몇 가지 이론을 소개하고 나아가 해당 이론을 마케팅에 적용하는 방법을 제시하려고 한다.

먼저, 최근 한국에서 크게 유행하고 있는 MBTI(Myers-Briggs Type Indicator)가 있다. MBTI는 작가 캐서린 쿡 브리그스(Katharine Cook Briggs)와 그녀의 딸 이사벨 브리그스 마이어스(Isabel Briggs Myers)가 1944년에 개발한 성격 유형 테스트다. 제2차 세계대전 중에 인력 부족으로 여성이 산업계에 진출하게 되자, 성격 유형을 구별해 직무 적성을 찾을 수 있도록 할 목적으로 개발된 도구다.

MBTI는 현재 MZ세대를 중심으로 유행하고 있어 젊은 세대를 타깃층으로 하는 기업들이 마케팅에 많이 도입하는 이론이기도 하다. 그러나 단점은 검사에 시간이 많이 걸린다는 점이다. 검사를 하려면 고객의 동의도 필요하다. 마케터가 고객과의 첫 만남의 자리에서 고객의 동의를 받고 오랜 시간 검사를 진행하는 것은 현실적으로 불가능하다.

그런 점에서 나는 DISC 검사(DISC Assessment)라는 성격 유형 구분법을 활용해 오고 있다. DISC 검사는 미국의 심리학자 윌리엄

몰턴 마스턴(William Moulton Marston)이 만든 성격 유형 구분법으로, 짧은 시간에 고객의 유형을 파악하는데 적합한 도구다. DISC에서는 사람의 성격을 다음과 같은 4가지 유형으로 분류한다.

D형(주도형, Dominance): 성과에 대한 욕구가 강한 유형으로, 성취감을 중시하고 자신감과 도전 정신을 가장 큰 매력으로 느끼며, 자아가 강하다.

I형(사교형, Influence): 사회적 인정에 대한 욕구가 강한 유형으로, 즐거움과 긍정 마인드의 대표 유형이다. 이 유형은 칭찬에 약하며 감수성이 강하고 상호작용을 좋아한다.

S형(안정형, Steadiness): 안정된 상황에 대한 욕구가 강한 유형으로, 배려, 인내, 경청의 자세가 특징이며 급격한 변화를 두려워한다.

C형(신중형, Compliance): 정확함에 대한 욕구가 강한 유형으로, 언제나 이성적인 판단을 중시하고 분석력이 뛰어나다. 따라서 기준이 높은 편이다.

내가 만난 D형의 부자 고객에는 건설업종의 오너 회장님들이 많았다. 이들은 대체로 성격이 아주 급한 편이고, 밀어붙이는 유형이었다. 그러나 그 부인들은 반대로 안정형인 S형이나 C형이 많았다. D형의 급한 성격으로 인해 생길 수 있는 오류를 안정형인 S형이나 C형이 잘 잡아주는 게 아닌가 싶다. 또는 서로에게 없는 부분을 채워주는 관계일 수도 있다. 그래서인지 같은 유형의 사람끼리 부부가 되는 경우는 별로 없었다.

사교형인 I형에는 연예인들이 많았다. I형은 사람들과 어울리는 것을 좋아하며, 인정받고 주목받고 싶은 욕구가 크다. 그래서 I형 고객들은 유독 칭찬에 약하고, 재미있게 웃고 이야기할 수 있는 즐거운 자리를 좋아한다.

같은 브랜드의 자동차를 4가지 유형의 사람들에게 판매하는 상황이라고 가정해 보자. D형의 고객은 자존감이 강한 편이니 고객에게 걸맞은 '품격 있는' 차량을 추천하는 것이 좋다. I형이라면 사회적 인정을 좋아하는 사람이므로 많은 사람이 선호하는 인기 있는 차량을 추천하고, 안정형인 S형에게는 차의 안전성이나 기능적인 면을 강조하며, 신중형인 C형에게는 수치나 데이터 자료를 통해 영업하는 것이 좋다. 이처럼 DISC 유형을 활용해 고객의 성격 유형을 빠르게 파악하고, 이에 따라 각기 다른 마케팅 전략을 세울 수 있다. 나는 실제로 DISC 유형을 리치 마케팅에 적용해 많은 도움을 받았다.

여성의 신발과 DISC 유형

◆◆◆

앞에서 소개한 캐시 칼라다의 책《Be the Shoe》에서 여자 신발 14개와 성격을 연관 지어 설명한 대목이 있다. 이를 DISC 유형과 접목해 고객을 파악하는 것도 하나의 새롭고 좋은 방법이 될 수 있다. 책에서 발췌한 내용 몇 가지를 예로 들면 다음과 같다.

플랫폼

힐 부분이 아닌 발 밑창에 두꺼운 발판이 있는 구두로, 굽이 높다. 전통적인 펌프스보다는 조금 더 트렌디하지만 안정감 있는 느낌을 준다. 이런 신발을 즐겨 신는 여성은 DISC 유형 중에 안정 성향을 가진 S형일 가능성이 크다.

웨지힐

힐이 발 밑창까지 통째로 이어져 있는 구두로, 자기 자신에 대한 이해가 뛰어나고, 열정적이며, 아주 활달할 가능성이 크다. DISC 유형 중에 사교적인 성향의 I형일 가능성이 많다.

스틸레토

힐이 아주 얇은 구두로, 높은 굽이 대부분이다. 비즈니스 행사를 즐기는 경우가 많으며, 당당하고 자기주장이 강할 가능성이 크다. 굉장히 행동적이고, 가능성에 열려 있고, 아름다움에 가치를 느끼고 이를 활용하려고 한다. DISC 유형 중에 도전 정신과 자아가 강한 D형에 가깝다.

고객의 심리를 이해하는 것이 첫 번째 할 일이다

◆◆◆

소개팅 자리에서 상대방을 처음 만났다고 생각해 보자. 상대방의 첫인상이 좋게 느껴져 잘 지내고 싶은 마음이 생겼다. 그러면 당신은 어떻게 할 것 같은가? 우선 상대방에 대해 더 많이 알고 싶어 하지 않겠는가? 그리고 상대방이 좋아하는 모습을 보여주려 애쓸 것이다.

연애할 때도 시간을 두고 천천히 상대방을 알아가듯, 처음 누군가를 만났을 때부터 그 사람을 제대로 알기란 쉬운 일이 아니다. 고객을 처음 만났을 때도 마찬가지다. 특히 부자 고객은 자기를 잘 드러내지 않는다는 점에서 더욱 그렇다. 하지만 상대의 마음을 사로잡기 위해서 그 사람이 어떤 사람이고 어떤 것을 좋아하는지 알아야 하듯, 마케터에게 가장 중요한 것도 바로 고객을 파악하는 일이다. 이때 앞서 소개한 성격 유형의 도구를 사용하면, 훨씬 빠르게 고객의 심리를 파악할 수 있고 고객을 응대하는 일이 한결 수월해질 것이다.

인간은 자라온 환경에 의해 세상을 인식하고 반응하는 방식이 일정한 경향성을 보이며 정형화된다고 한다. 이는 일종의 기질로써 그 사람만의 사고방식과 행동 방식을 형성한다. 이를 파악하면 고객이 바라는 것이 무엇인지, 향후 어떤 선택을 할지 예측하는 데 분명 많은 도움이 될 것이다.

물론 성격 유형에 대한 분석이 모두에게 100% 들어맞는 것은 아니다. 그러나 성격 유형에 대한 분석이 바로 마케팅에 적용되지 않더라도 겁먹을 것은 없다. 처음 만나 서로에 대해 아무것도 모르는 상태에서는 서로 무슨 이야기를 해야 할지 막막할 것이다. 이럴 때 상대방의 MBTI나 혈액형을 알고 있다면, 이를 주제로 해서 대화가 훨씬 자연스럽게 흘러갈 것이다. 고객을 알아가려는 시도 자체가 상대방에게는 좋은 인상을 줄 수 있으며 그 자체로 하나의 대화 주제가 될 수 있다는 점을 잊지 말자.

> **참고**
>
> 여성 VIP 고객을 대상으로 마케팅하는 업종이라면 이 책을 강력히 추천한다.
> *Be the Shoe(Live the Life You Want in the Shoes You Love)*, Kathy Kelada,
> Papillon Books, 2016

부자들의
의외성

만만한 부자는 없다

◆◆◆

'부자'를 수식하는 단어들을 떠올려보자. 사람마다 다르겠지만, 보통 '탐욕스럽다', '사치스럽다', '과시한다', '깐깐하다', '고독하다' 등의 단어들을 떠올리기 마련이다. 대체로 부정적인 느낌을 주는 단어들이 많다. 부자들은 정말 그럴까? 경험상 반은 맞고, 반은 틀리다.

내가 느낀 부자들의 가장 큰 공통점은 바로 '꼼꼼하다'는 것이다. 음식이든 옷이든 재테크든 거의 모든 분야에서 그렇다. 좋게 말해서 정말 '꼼꼼'하고, 나쁘게 말하자면 아주 '깐깐'하다. 특히 비즈니스 관련 이야기를 나눌 때는 '정말로 빈틈이 하나 없다'는 느낌을 받는다. 처음에는 비즈니스로 만났지만 자주 만나다 보니 친해진 부자 친구가 하나 있다. 평소에는 스스럼없이 편하게 지내지만, 비즈니스 관련 이야기를 할 때 그는 정말 깐깐하고 빈틈이 없다. 절대로 '만만한 부자'는 없다. 이렇듯 '깐깐한' 성격은 앞서 우리가 떠올린 부자들의 이미지와 어느 정도 일치한다. 하지만 사람들이 부자를 오해하고 있는 면도 있다. 이번에는 그들의 공통적인 '의외성'에 대해 이야기해 보려고 한다.

첫째, 술에 엄격하다

일반적으로 사람들은 부자들이 술을 좋아하고 잘 마실 것이라고 생각한다. 비즈니스를 하다 보면 술을 마실 일이 많으니 술을 잘 마시는 사람들이 잘될 것 같다고 생각하는 것이다. 하지만 실제로 내가 만나본 많은 부자들은 오히려 술자리에서 절제하는 경우가 많았다. 물론 유흥에 빠져 흥청망청 노는 이들도 더러 있었지만, 그렇지 않은 쪽이 훨씬 많았다. 부자들은 대체로 자기관리에 철저한 편이라 술로 인해 흐트러지는 모습을 상대방에게 보이지 않으려고 한다. 또 유흥 때문에 패가망신한 주변인들의 사례를 많이 봤기 때문에 더 조심하기도 한다.

부자들 중에는 '올드머니(Old Money)'라고 불리는 '페어런츠리치(Parents Rich)', 즉 원래 옛날부터 부모님이 부자인 경우가 있고, 한편 자수성가해서 부자가 된, 소위 '뉴머니(New Money)'인 '셀프리치(Self Rich)'인 경우가 있다. 이 중에서는 셀프리치가 더 술에 대해서 엄격한 편이다. 스스로 부자가 된 사람들은 그 자리의 가치를 알아서 이를 지키기 위해 자신을 철저히 단속하는 편이다.

물론 일부 셀프리치 중에는 큰 돈을 만지면서 유흥이나 사치스러운 생활에 빠지는 경우도 있다. 특히 IT 스타트업으로 대규모 투자를 받아 부자가 된 사람들이 한순간에 망하는 경우를 꽤 많이 봤다. 원인은 대부분 '술'과 '도박'과 같은 유흥이었다. 부자들에게 유흥에 대한 유혹이 많은 것은 사실이다. 그렇게 한번 유흥에 빠지다 보면 결국 사업에 소홀해진다. 그럴 경우, 사업이 조금만 어려워져도 실패를 하게 되는 것이다.

반대로 꾸준히 잘되고 있는 이들은 술을 멀리하는 경향이 있었다. 술을 못하거나, 술을 잘 안 먹거나, 술을 조금만 먹으려 노력한다. 아닌 사람도 있지만 대체로 술의 유혹에 잘 넘어가지 않았다. 잠깐의 쾌락에 빠져 지금 누리고 있는 호화로운 생활, 지위, 명예, 부, 이 모든 것을 잃을지도 모른다는 두려움이 마음속에 자리하고 있기 때문인지도 모르겠다.

부자 이야기는 아니지만, 개그맨 유재석도 방송에서 본인은 술을 하지 못한다고 이야기한 적이 있다. 그는 철저히 자기관리를 하는 연예인으로 잘 알려져 있는데, 그가 지금까지 꾸준히 사랑받는 데는 자기관리를 비롯해 '술을 멀리한 것'도 중요한 요인으로 작용했으리라는 생각이 든다.

둘째, 적은 돈도 귀하게 여긴다

부자들은 돈이 많으니 흥청망청 돈을 쓸 것이라고 생각하는 사람이 많다. 물론 부자들이 때때로 큰 규모의 돈을 쓸 때가 있는 것은 사실이지만, 절대 돈을 흥청망청 쓰지는 않는다. 오히려 적은 돈까지도 굉장히 아껴 쓰는 편이다.

사람들은 부자들이 아주 비싼 집에 거주하므로 상대적으로 적은 금액인 관리비는 크게 신경 쓰지 않을 것이라고 생각한다. 그러나 오히려 반대다. 부자들은 천 원, 백 원 단위까지도 부당하다는 생각이 들면 절대 넘어가지 않는다. 사실 전기세나 수도세가 몇백 원 더 나왔다는 생각이 들어도 '소액인데 뭐' 하며 넘겨버리기 마련인데 부자들은 그냥 넘기지 않는 것이다. 그만큼 돈을 귀하게 여긴다는 뜻이다.

진짜 그럴까 싶지만, 실제로 부자들이 수십 억 원 하는 집을 사면서 꼭 짚고 넘어가는 것 중 하나가 바로 '관리비'였다. 이들은 관리비 금액이 어떻게 되는지, 관리비에 어떤 항목이 포함되는지 모두 하나하나 꼼꼼하게 확인했다.

셋째, 사소한 것까지 일일이 확인한다

부자들 주변에는 돕는 일손이 많다. 비서, 기사, 요리사, 세무사 등 곁에서 일을 도와주는 사람이 많으니 사소한 부분은 다 맡기고 대충 넘어갈 것 같지만, 전혀 그렇지 않다. 단지 돈에 관한 것만 그런 것이 아니다. 비즈니스와 관련된 모든 사항, 계약 조항을 비롯해서 예산 세부 계획, 거래가 끝난 후 벌어질 사소한 일에 대한 것까지 아주 꼼꼼하게, 심지어 매우 깐깐하게 확인한다. 또 자신이 눈으로 직접 확인한 것만 믿으려고 하는 성향이 있다. 사람을 만날 때도 이 사람이 믿을 만한 사람인지, 이 사람이 하는 이야기가 사실인지 여부를 신중히 확인한다. 그러므로 부자들을 대할 때는 아주 작은 부분이라도 '대충 넘어가겠지'라고 생각해서는 안 된다.

이러한 부자들의 의외성을 참고한다면, 이들을 상대하는 전략을 어떻게 짜야 할까? 나는 이렇게 조언하고 싶다. '무조건 솔직해야 한다.' 마케터들 중에 상대에게 잘 보이고 싶어 거짓말로 자신을 포장하거나 과장을 덧붙여 허세를 부리는 경우가 있는데, 단언컨대 이러한 행동은 영업에 어떠한 이익도 되지 않는다. 부자들은 진정성에 목말라 있다. 이들의 마음을 두드릴 수 있는 무기는 다름 아닌 '진심'이다. 조금 투박하게 느껴질지 몰라도, '솔직함'은 결국 '믿음'으로 이어진다. 부자들과의 관계에서 최선의 방책은 솔직함을 바탕으로 신뢰를 얻고 친밀감을 느낄 수 있는 가까운 사이가 되는 것이다.

부자도 소비를 결정할 때
두려움을 느낀다

부자의 발걸음을 돌리게 만드는 것들

◆◆◆

고객이 매장에서 받을 수 있는 최고의 서비스는 무엇일까? 많은 할인? 아니면 친절한 응대? 아니다. 정답은 '구매'다. 좀 더 구체적으로 말하자면, 고객이 매장에 들어온 구매의 목적을 달성하도록 해주는 것이 제공할 수 있는 최고의 서비스인 것이다.

물건을 사면 판매하는 쪽이 이득인 것 같지만, 사실 고객에게 좋은 것이다. 가령 명품 가방을 판매하는 매장에 고객이 들렀다고 생각해 보자. 취향에 맞지 않아서 나가든 판매원이 불친절해서 나가든 들어온 매장을 아무 소득 없이 나간다면, 결국 고객은 시간 낭비를 한 셈이다.

왜 고객들은 제품을 구매하지 않고 빈손으로 나가는 것일까? 그 심리를 이야기해 보려고 한다.

럭셔리 브랜드의 고객 심리와 판매 전략에 대해 집필한 프란시스 스룬(Francis Srun)의 《Vendre le LUXE(사치품을 팔다)》에 의하면, 매장에 들어온 고객은 수많은 욕구가 있다고 한다. 구매하고자 하는 욕구, 합리적인 가격에 대한 욕구, 좋은 품질에 대한 욕구, 친절한 서비스에 대한 욕구 등 그 종류도 다양하다.

이렇게 많은 욕구가 있는데도 끝내 고객이 구매하지 않고 매장을 나가게 되는 궁극적인 이유는 무엇일까? 이 책에서는 'Fear', 즉 고객의 두려움 때문이라고 설명하고 있다. '다른 브랜드가 있지 않을까?', '너무 빠르게 결정하는 것은 아닐까?', '나는 진정으로 이것을 원하는가?', '다른 매장도 한번 알아볼까?', '더 낮은 가격에 구매할 수 있지 않을까?' 등의 생각들이 고객을 망설이게 만드는데, 이 모든 생각의 근저에는 구매에 대한 '두려움'이 자리 잡고 있다는 말이다.

우리는 여기서 이런 의문을 가질 수 있다. '부자들은 물건의 금액을 크게 신경 쓰지 않을 것 같은데?', '부자들은 그런 사소한 부분은 별로 고민하지 않을 것 같은데?'라고 말이다. 부자들은 돈이 많으니 제품의 가격이나 할인율 등 사소한 부분은 별로 신경 쓰지 않을 것 같다. 하지만 부자들도 소비를 결정하기까지 다양한 부분을 고민하고 두려워한다. 오히려 부자들이 더하다.

고객의 의구심과 두려움을 없애라

◆◆◆

친구 중에 규모가 꽤 큰 조명 회사를 운영하는 이가 있다. 사업이 잘되는 것은 물론이고 타워팰리스에 살고 있으니 부자임에 분명한 친구다. 이십여 년 전에 그 친구는 이제 막 사업을 시작해서, 회사라고 부르기조차 민망할 정도로 작은 회사를 하나 운영하고 있었다.

한번은 그 친구가 밥을 사기로 해서 서너 명이 함께 밥을 먹으러 갔다. 그런데 식사가 끝나고 한참을 걸어가던 중에 그 친구가 영수증을 보더니 거스름돈을 덜 받았다며 불쾌해하기 시작했다. 그 금액은 만 원도, 천 원도 아닌 고작 100원이었다. 식당까지 돌아가려면 버스로 한 정거장이 되는 거리를 다시 걸어가야 했다. 다들 그냥 가자는 눈빛이었는데, 그 친구는 결국 돌아가서 기어코 100원을 받아냈다.

그 모습을 보면서 '이 친구는 부자가 되겠구나'라고 생각했다. 그 친구는 정말로 부자가 되었다. 100원을 돌려받으러 한 정거장 되는 거리를 다시 걸어가려는 사람이 얼마나 될까? 단순히 가느냐 마느냐의 문제가 아니다. 이처럼 부자들은 돈을 대하는 태도가 남다르다는 점을 말하고 싶다. 부자들은 작은 돈이라도 정말 소중하게 생각하고 귀하게 여긴다.

이처럼 작은 돈까지 아끼는 부자들은 쓸 때와 쓰지 않을 때를 정확히 구분하며, 쓰고자 할 때도 거듭 신중을 기한다. 이제부터는 마케터들이 고민해야 하는 부분이다. 돈을 쓰고자 매장을 찾은 부자들을 어떻게 대해야 그들의 지갑을 열 수 있을까?

가장 중요한 것은, 고객이 가지고 있는 다양한 의구심에 해답을 제공함으로써, 구매에 대한 '두려움'을 없애주는 것이다. 이 점은 부자 고객뿐 아니라 모든 고객에게 적용할 수 있는 이야기지만, 구매를 결정하기까지 거듭 신중을 기하는 부자 고객들을 상대로 할 때 더욱 신경 써야 하는 부분이다.

예를 들어 '너무 빠르게 결정하는 것은 아닐까?'라고 고민하는 고객에서 충분히 물건을 둘러보고 비교해볼 수 있는 여유를 제공하고, '나는 진정으로 이것을 원하는가?'라고 고민하는 고객에게는 고객이 진정으로 원하는 것이 무엇인지 고객의 의견을 잘 듣고 적절한 제품을 추천해줘야 한다. 그것이 바로 고객이 구매의 목적을 달성하도록 돕는 최고의 서비스다. 광고의 목적도 해당 브랜드 및 제품에 대한 소비자의 의구심을 없애서 구매에 확신을 갖도록 만드는 것이다.

고객의 의구심과 두려움을 없애는 것이 쉬운 일은 아니다. 그러나 한편으론 아주 어려운 일도 아니다. 무엇보다 고객의 소리를 경청하고, 고객의 마음을 편하게 만들어주려고 한다면 성공 확률이 아주 높아질 것이다. 그런데 많은 마케터들이 고객의 의견을 듣기보다는 일방적으로 고가의 제품을 추천하거나 추가 옵선을 많이 선택하게 만드는 식으로 이익을 남기려고 한다. 이런 행동은 고객의 마음을 편안하게 해주는 것이 아니라 오히려 구매에 대한 의구심을 강화시켜서 더 큰 두려움을 갖게 만든다.

예를 들어 고객이 가격이 비싸다고 하면 판매 직원들은 제품의 가치가 뛰어나므로 비싼 금액이 아니라고 장황하게 설명하며 고객을 설득하려 하는 경우가 많다. 하지만 여기서 특히 주의해야 할 점이 있다. 소비자가 제품을 구입하는 과정에서 시간과 노력을 많이 들이는 고가의 제품을 '고관여 제품'이라고 하는데, 부자들이 많이 구매하는 명품이 여기에 속한다. 이러한 종류의 제품은 소비자가 이미 제품에 대한 여러 가지 정보를 알고 있는 경우가 많다. 그러므로 장황한 설명과 설득은 고객의 구매 결정에 전혀 도움이 되지 않는다. 이런 경우에는 고객이 원하는 것이 무엇인지 충분히 이야기를 듣고 가장 적당한 제품을 추천해주는 방식으로 진행하면 훨씬 도움이 될 것이다.

정리해 보면, 고객의 마음에 공감하며 의구심을 해결할 수 있도록 돕는다면, 고객은 마음이 편안해져서 두려움이 사라지고 구매를 결정하게 될 것이다. 마케터는 어떻게 하면 고객이 두려움을 없애고 편안하게 구매를 하도록 도울 수 있을지를 항상 연구하고 실천해야 한다.

부자는 정보를
좋아한다

부자들이 가장 좋아하는 것이 무엇일까

◆◆◆

신한은행 PWM(Private Wealth Management) 직원들을 대상으로 강연을 한 적이 있다. 이 직원들은 총 자산 중 금융 자산 10억 원 이상 되는 고객에게 종합자산관리를 원스톱으로 제공하는 PB(Private Banker)로, 나 못지않게 부자들을 많이 상대해본 사람들이다. 그런 사람들이 수백 명이나 모인 자리에서 강연을 하려니 평소와 달리 무척 떨렸다. 나는 담이 꽤 크다고 생각했는데 나를 향해 쏟아지는 수백 개의 시선 앞에서 다리가 후들거렸다. 물론 진짜 그들이 나를 적대시했을 리는 만무하지만, 연단 위에 올라가서 수백 명의 군중들을 마주했을 당시의 심정이 적장에

홀로 선 장수와도 같을 정도로 부담감이 컸다.

마음을 다잡고 결의에 찬 눈빛으로 사람들을 쳐다봤지만, 입이 떨어지지 않았다. 높은 무대 위에 두 다리로 서 있는 것조차 힘들었다. 잠시 머뭇거리다 이대로는 도저히 말을 할 수 없을 것 같아서 일단 무대 밑으로 내려갔다. 칼을 뽑아 든 장수의 마음으로, 마이크를 앞에 앉은 사람에게 갖다 대며 이렇게 질문을 했다.

"부자들이 뭘 좋아할까요?"

갑작스러운 질문에 그는 굉장히 당황한 듯한 표정으로 한마디를 툭 던졌다.

"음 ......, 돈?"

나는 고개를 끄덕이며, "맞아요. 돈 좋아하죠. 그렇죠"라고 말한 다음 연이어 다른 사람에게 마이크를 들이대며 똑같은 질문을 했다.

"부자들이 뭘 좋아할까요?"

그는 우물쭈물하다가 "집? 부동산?"이라고 말했다. 그의 대답에 나는 "네, 맞아요. 그것도 좋아하겠죠"라고 말하며 또 다른 사람을 찾아 주위를 둘러봤다. 다들 슬슬 내 눈을 피하기 시작했다. 어렵지 않은 질문이지만 마땅히 대답할 말이 없었던 모양이다.

질문을 받을까 봐 슬금슬금 내 눈을 피하는 귀여운(?) 모습들에 떨렸던 마음이 조금씩 진정되면서 자신감이 생겼다. 나는 다시 무대에 올라가 준비해온 프레젠테이션 화면을 넘겼다. 거기엔 'Information'이라고 적혀 있었다.

미국에서 VIP 마케팅 교수로 유명한 토머스 J. 스탠리 (Thomas J. Stanley) 교수가 실제 부자들을 대상으로 질문을 던졌다. "당신이 정말 좋아하는 게 무엇인가요?" 2위에 오른 대답은 Information, 즉 정보였다.

나도 부자들을 만날 때마다 꾸준히 던졌던 질문이기도 하다. 돈, 건강 등 다양한 답이 나왔지만 흥미롭게도 늘 '정보'가 5위 안에 들어 있었다. 아마도 정보를 좋아하고 중요시하는 것은 전세계 부자들의 공통점인 듯하다.

그렇다면 부자들이 좋아하는 정보는 구체적으로 어떤 것일까? 스탠리 교수에 따르면, 부자들이 좋아하는 정보는 다음 2가지 조건을 갖추고 있다고 한다.

희소성

◆◆◆

첫째는 희소성이다. 구글이나 네이버에 검색을 하고, 조간신문을 매일같이 정독했을 때 찾을 수 있는 정보는 부자들이 원하는 정보가 아니다. 그들이 원하는 것은 대중성이 없는 정보다.

메르세데스 벤츠의 세계 최고급 브랜드인 마이바흐 자동차가 국내 판매를 시작했을 때, 이미 부자들은 2~3년 전부터 마이

바흐의 국내 출시 소식을 알고 있었다. 그 당시 메르세데스 벤츠 코리아의 VIP 고객 담당 상무가 마이바흐 구매 여력이 되는 예비 고객들을 대상으로 정보를 준 것이다.

"고객님, 혹시 조만간 차를 바꾸실 계획이라면 조금 기다리셔도 좋겠습니다. 국내에 마이바흐가 출시될 예정입니다."

실제로 이 정보를 접한 고객들은 마이바흐로 차를 바꾸기 위해 예정돼 있던 신차 구매 일정을 늦추기도 했다.

희소성을 가진 정보를 접할 때 사람들은 '내가 특별한 사람이구나'라는 생각이 가장 먼저 든다고 한다. "이건 너한테만 이야기하는 거야." 어릴 때 단짝 친구에게 이런 말을 들으면 가슴이 찌릿하면서 눈빛이 반짝거리지 않았던가?

부자들도 마찬가지다. 그들은 대다수의 사람들이 모르는 정보를 원한다. 그게 바로 '특별 대우'이기 때문이다. 명품이 사람들의 선망을 받고 비싼 이유가 바로 희소성 때문이다. 아무나 가질 수 없어서 유일한 나의 존재를 더 부각시키기 때문이다. 희소성 있는 정보 또한 명품처럼 부자들에게 특별한 느낌을 주는 것이다.

생생함

◆ ◆ ◆

부자들이 좋아하는 정보의 두 번째 특성은 바로 생생함이다.

부자들은 당사자가 현장에서 직접 보고 들은 정보들을 좋아한다. 신뢰도가 높으며, 가장 최신 정보이기 때문이다. 이러한 정보를 얻기 위해서는 우선 주변 동네를 유심히 살펴야 한다. 부동산 매물을 눈여겨보라. 동네 식당에 가서 밥을 먹을 때 스마트폰을 보는 대신, 주민들이 하는 이야기를 들어라. 그러면 당신이 몰랐던 현지 정보들이 물 밀듯이 쏟아져 들어올 것이다.

'몇 년간 잠잠하더니 재개발이 다시 된다더라', '가게를 얼마에 내놓아야겠다', '부동산마다 사람이 북적거리더라', '어디 건물을 누가 얼마에 샀다더라, 그 건물은 종합쇼핑몰이 된다더라' 등의 이야기들은 모두 정보가 된다. 한발 앞선 재테크의 핵심은 한발 앞선 정보다.

뉴스나 신문에 나오는 정보는 이미 공론화되었고 대중적이기 때문에 더이상 재테크에 유용한 소스가 되지 못한다. 그러니 직접 발로 뛰고 보고 들은 정보를 꼭 가지고 있어야 한다. 그러니 항상 눈과 귀를 열어두길 바란다. 심지어는 동네 마트에 어떤 제품이 유난히 빨리 품절된다든지, 입고가 늦어진다든지 하는 것도 트렌드에 대한 정보가 될 수 있다.

정보를 정보로 인식하는 통찰력을 가져라

◆◆◆

어느 분야에서든 정보의 중요성은 아무리 말해도 부족하다. 오죽하면 정기적으로 찌라시를 받아보는 사람들이 우리나라에서만 10만 명 정도 된다는 말도 있겠는가. 현재 찌라시는 전문 제조업체와 일부 언론에서 만들고 있는데, 한 주 혹은 한 달에 한 번꼴로 나온다.

찌라시를 일 년 동안 받아보는 데에는 50만 원에서 수천만 원까지 가격이 천차만별이다. 그리고 부자들은 이러한 비용을 주고서라도 찌라시를 받아보고 있다. 정보를 가지고 있는 자는 돈을 얻기 유리하며, 돈을 얻기 위해서는 찌라시처럼 '희소성'과 '생생함'을 가진 정보가 필수라는 것을 잘 알고 있기 때문이다. 부자들은 돈을 벌기 위해 돈을 주고 정보를 산다.

정보를 얻는 방법에는 여러 가지가 있다. 인맥을 통해서일 수도 있고, 온라인 커뮤니티를 통해서일 수도 있고, 일상 속에서 세밀한 관찰을 통해서일 수도 있고, 찌라시를 통해서일 수도 있다.

정보를 얻는 것도 중요하지만 그보다 더 중요한 것은 정보를 정보로 인식하는 '통찰력'이다. 어떤 사람들은 동네 부동산에 사람들이 북적거리면 '이사하기 좋은 날인가 보구나' 하고 그냥 지나친다. 어떤 사람들은 관심도 없다. 하지만 누군가는 그러한 현상을 보고 부동산 관련 최신 정보를 얻는다. 마찬가지로 동네 마트에 늘 똑같은 상품만 동이 나는데도 '오늘도 없네. 나는 운이 없구나. 올 때마다 사고 싶은 게 없고' 하고 지나치는 사람이 있는 반면, 이 같은 정보를 사업에 활용하는 사람이 있다.

이처럼 같은 것을 보고 들어도 어떤 사람은 그것을 정보로 인식하고 활용하는 반면, 어떤 사람은 아무것도 특별하지 않은 일상으로 받아들인다. 빌 게이츠는 "부자는 똑똑하다"고 말하면서, "똑똑하다는 것은 새로운 정보를 실시간으로 흡수할 수 있는 능력, 그리고 언뜻 상관없어 보이는 현상들의 연결고리를 찾아내는 능력이다"라고 했다.

사람들의 이야기, 주변에서 일어나는 일들에서 유용한 정보를 찾아낼 수 있어야 돈을 끌어들일 수 있다. 이렇게 정보를 활용하는 능력을 가진 사람은 마케터로서도 유리할 수 있다. 부자뿐만 아니라 그 누구라도 만날 때마다 유용한 정보를 주는 사람은 두세 번씩 더 보고 싶은 법이다. 또한 정보를 자신의 재테크에 직접 활용할 수도 있다. 다시 한번 강조하지만, 항상 세상을 향해 촉수를 세우고 유용한 정보에 민감하게 반응하라.

진짜 부자와
가짜 부자 감별법

세상에는 가짜 부자도 많다

◆ ◆ ◆

부자를 상대로 마케팅을 하다 보면 진짜 부자가 아닌 가짜 부자, 즉 사기꾼을 만나게 되는 경우가 종종 있다. 부자를 대상으로 판매하는 제품에는 고가품이 많기 때문에 사기꾼을 만나게 되는 경우에는 큰 손해를 보기도 한다. 특히 마케팅 경험이 적은 마케터들이 사기꾼과 엮이는 경우가 많으니 진짜 부자와 가짜 부자를 감별하는 방법을 알아두는 것이 좋겠다.

가짜 부자에는 크게 2가지 유형이 있다. 하나는 종교인을 사칭하는 경우고, 다른 하나는 고위공직자를 사칭하는 경우다.

종교인을 조심하라

◆◆◆

방배동에 있는 어느 최고급 주택의 마케팅을 담당하던 때였다. 한 스님이 찾아와 100평이 넘는 고급 빌라를 사겠다고 했다. 다음 주에 계약하기로 했는데, 며칠 후에 찾아와서는 집을 다시 한번 보고 싶다며 계약을 미뤘다. 이런 일이 몇 번이나 반복되었다. 한번은 누나를 데려와 집을 소개해주면서 계약을 미루고, 그 다음에는 또 다른 사람을 데려와서 계약을 미루고, 또 다른 날에는 전화가 와서 오늘 갑자기 사정이 생겨서 계약하러 올 수 없다고 하는 식이었다. 한번은 지인을 데려와서 두 채를 계약하겠다며 큰소리를 치기도 했으나, 역시 계약은 다른 날로 미뤄졌다.

큰 계약이 한 번도 아닌 여러 번 연기되자 내 입장도 점점 곤란해졌다. 자꾸만 번복되는 약속 때문에 회사와 임대인에게 할 말이 없었다. 더구나 다음 계약일이 먼 날도 아니고 오늘 오후, 내일 저녁 등의 식으로 약 3개월가량 미뤄왔기 때문에 다른 고객에게 집을 보여줄 수도 없는 노릇이었다. 그렇게 시간만 어영부영 흘렀고, 나중엔 그와 연락이 되지 않았다. 몇 개월 동안 그 집을 잡아둔 나만 어리석은 사람이 되고 말았다.

종종 스님에게 이렇게 큰 집이 왜 필요한지 의문이 들기도 했지만, 종교인이라는 생각에 신뢰하려고 애쓰며 정성스레 응대해왔던 터라 배신감이 더욱 컸다. 그로부터 몇 달이 지난 후였다.

정말 우연히 한 골목에서 그 스님과 마주쳤다. 내가 다가가니, 그 스님은 "길을 비켜주시지요"라고 하며 모르는 사람인 척 지나가려고 했다. 딱 잡아 모른 척하는 그 스님에게 정말 화가 났지만 최대한 화를 누르며 점잖게 말하려고 노력했다.

"못 비키겠습니다."

"어허, 왜 이러십니까? 중생에게 이러지 마십시오."

"스님, 도대체 이렇게 하는 이유가 무엇입니까? 이유라도 알려주십시오."

그 스님은 끝내 대답을 하지 않은 채 나를 피해 도망가버렸다. 결국 직접 이유를 듣지 못했지만, 다시 생각해 보면 사람들을 데리고 와서 자신이 그 정도 고급 주택을 살 정도의 능력이 있다는 것을 과시하고 싶었던 것이었는지도 모르겠다.

이 외에도 교회 돈을 자기 돈인 것처럼 가장해 사기를 친 사례가 굉장히 많은데, 특히 기억에 남는 사례가 있다. 153~172평형 18세대로 구성된 성북동 최고급 빌라를 분양하던 때의 이야기다.

교회에 지하 자금이 많이 있다며 나를 찾아온 사람이 있었다. 자기는 교회 집사인데 현재 해외에 있는 총재님이 다음 달에 입국하실 예정이라 대신 집을 보러 왔다고 했다. 그는 여기 있는 18세대의 집을 모두 사겠다고 말했다.

당시 그곳의 집을 모두 사려면 적어도 수백억 원이 필요했다. 워낙 큰 금액이라 처음에는 좀 의심스러웠지만, 근처 부동산 대표와 함께 찾아온 것이고, 여러 번 만나 가격 협상 등 구체적인 이야기까지 진행되다 보니 어느 정도 신뢰가 생겼다.

'대체 어느 교회이길래 이토록 비싼 주택을 전부 살 수 있는 것일까?'라는 호기심과 혹시 모른다는 마음에 인터넷 포털에 검색을 했다. 그러자 정말로 다음 달에 입국하는 교회 총재에 대한 기사가 있었다. 그 교회는 막대한 자금을 소유하고 있는 것으로 유명해서, 정말 한 번에 모든 주택이 팔릴 수도 있겠다는 생각이 들었다. 약간 남아 있던 의심까지도 모두 걷히는 순간이었다.

마지막으로 계약 날짜를 확인하고, 총재님이 머무를 수 있는 시간이 15분가량밖에 되지 않는다고 해서 함께 효율적으로 동선을 짜고, 점심까지 극진히 대접했다. 하지만 계약을 하기로 한 날 교회 총재는 오지 않았고, 당연히 그 집사와 연락도 되지 않았다. 사기를 당한 건 부동산 중개인도 마찬가지였다. 그와 함께 소주를 한잔하며 속상한 마음을 달랬다. 무엇 때문에 그렇게 정성스럽게 사기를 쳤는지 도무지 이해가 되지 않았다. 그런데 그로부터 들은 이야기는 더욱 가관이었다.

집사라는 사칭을 한 그 '사기꾼'과 마지막으로 만났던 날, 부동산 중개인은 지하철까지 태워달라는 그의 요청을 흔쾌히 들어줬다고 한다. 그런데 역에 도착할 때쯤 그는 결혼식에 가야 하는데 지갑을 놓고 왔다면서 18만 원만 빌려달라고 했다는 것이다. 수중에 16만 원밖에 없다고 했더니 그것만이라도 빌려달라고 했단다. 곧 수백억 원의 계약을 앞두고 있는 상황이니 16만원은 정말 소액처럼 느껴졌을 것이다. 설마 16만원으로 사기를 칠까 싶어 별 의심 없이 빌려줬는데, 그렇게 16만원을 가지고 떠난 사기꾼은 다시는 나타나지 않았던 것이다.

고위공직자라는 말에 넘어가지 마라

♦♦♦

어느 날 한 남자가 건물을 사고 싶다며 나를 찾아왔다. 멀끔하고 준수한 외모를 가진 사람이었다. 마침 신사동 쪽에 건물을 내놓은 분이 있어, 그쪽 부동산 중개인과 거래할 수 있게 소개를 했다. 그는 건물이 마음에 든다고, 좋은 건물을 소개해줘서 고맙다며 같이 식사를 하자고 했다.

함께하게 된 식사 자리에서, 그는 자신의 비밀 이야기를 들려줬다. 본인은 모 대통령의 지하 자금을 관리하고 있으며, 이번에 청와대에 들어가게 되었다고 했다. 1조 원에 가까운 돈이 지하에 숨겨져 있는데, 그 자금을 세탁하는 중에 있다면서 자기를 조금 도와주면, 충분한 사례를 하겠다고 이야기했다. 내가 그런 일은 전혀 할 줄 모른다고 했더니, 충분히 도울 수 있는 일이라며 계속해서 나를 설득했다. 혹여나 그의 마음을 상하게 할까 딱 부러지게 거절하지도 못한 채 나는 일단 생각해 보겠다며 우물쭈물 상황을 넘겼다.

그렇게 비밀 이야기를 나눈 이후에 그는 나에게 완전히 마음을 터놓은 듯이 행동했다. 부인과 어린 아이들까지 데려와서 집을 보고는, 결혼 에피소드부터 장인어른 이야기까지 자신의 인생 스토리를 줄줄이 읊었다.

조만간 새 벤틀리를 살 예정이라 차를 안 가지고 왔다고 해서 나는 그를 집까지 데려다줬다. 집으로 가는 동안에도 지나치게 친근감을 표시하는 그에게 살짝 의심이 들기도 했다. 하지만 부인도 봤고, 일곱 살배기와 다섯 살배기 어린아이들도 둘이나 데려와서 설마 거짓말을 하겠냐는 생각이 들면서 오히려 의심하고 있는 내 자신을 반성했다. 그래서 그를 신뢰하려 애썼고, 나도 내 이야기를 터 놓으면서 진심으로 그에게 다가가려고 했다.

그로부터 며칠이 지난 후였을 것이다. 그에게서 아주 다급한 전화가 왔다. 지금 와이프가 새 차를 찾으러 갔는데 계산을 잘못해 300만 원을 덜 가지고 갔다는 것이다. 자신은 지금 청와대에 있으니 좀 도와달라는 것이었다.

당황스러웠지만 부탁을 차마 무시할 수 없어 부인에게 전화를 걸었더니, 부인은 이런 일을 어떻게 사장님에게 부탁하냐며 괜찮다고 했다. 잠시 후 약간은 화가 난 듯한 목소리로 다시 그에게 전화가 왔다. 와이프가 300만 원 때문에 영업 사원에게 창피를 당하고 있다는 것이다. 마치 내가 그깟 300만 원도 못 빌려주는 사람이 된 것 같아 마음이 굉장히 찝찝해졌다. 그 와중에 부인은 '저 때문에 죄송해요. 괜히 제가 두 분 사이의 우정에 금이 가게 만든 것 같아요. 사장님, 너무 신경 쓰지 마세요'라는 문자를 보내왔다. 그 문자를 받으니 미안한 마음이 들며 더 신경이 쓰였다. 그래서 입금을 하려던 찰나에, 혹시나 하는 마음이 들어 청와대 쪽에서 일하는 친구에게 그 남자의 신원을 좀 확인해달라고 부탁했다. 그런데 그런 사람이 없다는 것이었다. 결국 나는 돈을 입금하지 않았고 그 날 이후로 그는 연락이 없었다.

그로부터 일주일 정도 흘렀을까? 그가 잠수를 탔다면서 부동산 중개인으로부터 연락이 왔다. 자초지종을 물으니 계약일에 그 남성이 큰 돈을 한 번에 납부하면 청와대에 보고를 해야 하니, 나눠서 지불하겠다고 약속했다고 한다. 그리고 보안 유지 때문에 휴대폰을 하나만 개통해달라고 부탁하고, 와이프에게 현금 50만 원을 전해달라고 했다고 한다. 그래서 부동산 중개인은 현금 50만 원을 건네주고 차명으로 휴대폰까지 해줬는데, 연락이 끊긴 상황이 된 것이다.

'아니, 왜 저런 부탁을 들어주지?'라고 의아하게 생각하는 사람이 많을 것이다. 하지만 큰 계약을 앞두고 있을 때 저런 상황에 놓이게 되면 혹시 계약에 안 좋은 영향을 미칠까 봐 상대방의 부탁을 거절하기 어려워진다. 사기꾼들은 그런 마음을 누구보다 잘 알아서 자신에게 유리한 쪽으로 이용하는 것이다.

앞서 이야기한 세 명의 사기꾼 사례의 공통점은 무엇일까? 우선 차를 가지고 온 사람이 없었다. 택시를 타고 오거나 걸어오면 걸어왔지, 차를 끌고 온 사람은 한 명도 없었다. 그 이유를 추측해 보건대, 자동차는 자동차등록번호가 있어서 추적이 가능하기 때문일 것이다. 이 공통점을 발견하고 난 후부터 나는 상대가 차를 가지고 왔는지, 주차장으로 올라가는지 등을 꼭 확인하기 시작했다(물론 그렇다고 차를 가지고 오지 않는 사람이 모두 사기꾼이라는 이야기는 당연히 아니다).

두 번째로는, 종교를 앞세우는 사람이라면 먼저 의심을 해볼 필요가 있다. 정말로 종교계에 종사하는 사람들은 오히려 티 내는 것을 경계하는 경향이 있다. 나아가 종교 관련 돈을 이야기한다면 더욱 의심할 필요가 있다. 청와대, 국정원처럼 어딘가 비밀스러운 직장에 다닌다고 말하는 사람도 마찬가지다. 정말 그곳에 다니는 사람은 만난 지 얼마 되지 않은 사람에게 쉽게 자신의 직장을 밝히지 않는다.

부자인 척하는 사기꾼들은 수십 년 전이나 지금이나 여전하다. 요즘은 수법이 더 교활해졌으며 매우 지능적이다. 부자를 대상으로 마케팅을 할 때도 언제나 이런 사기꾼이 있기 마련이니 그들의 현란한 말과 연기에 넘어가 손해를 보지 않게 조심해야 한다.

부자들은 늘
부족함을 느낀다

부자가 생각하는 부자의 기준은 다르다

◆ ◆ ◆

부자의 기준을 이야기할 때 KB금융지주에서 발간하는 〈한국
부자보고서〉를 참고하는 경우가 많다. 2021년 11월 발간한 보
고서에 따르면, 2020년 말 기준 현금, 주식, 펀드, 채권, 예·적금
등 금융 자산 10억 원 이상을 보유한 부자는 39만 3천 명으로 집
계되었다. 이렇게 우리나라는 금융 자산 10억 원 이상이면 부자
라고 규정한다. 그런데 '부자가 생각하는 부자의 기준'을 알아보
기 위해 부자들에게 인터뷰를 했더니 결과가 사뭇 달랐다. 부자
가 생각하는 부자의 최소 자산 기준은 '총 자산 100억 원 이상'이
었다. 자산 종류별로는 부동산 자산이 최소 50억 원, 금융 자산

은 최소 30억 원으로 나타났다.

50억 부자든 100억 부자든 모두 엄청난 부를 지닌 부자들이지만 대다수는 본인의 재산에 만족하지 않는다. 심지어 돈이 수백억 원이나 있어도 천억 대 부자가 아니라서 자존심이 상하고 행복하지 않다고 말한다. 가령, 골프를 치러 간 천억 대 부자가 백억 대 부자인 친구를 두고 이렇게 말한다. "저 친구는 돈이 없잖아. 오늘은 내가 낼게." 장난으로 던지는 농담이지만 많은 부자들은 이런 사소한 한마디에도 상처를 받고 더 많이 갖지 못한 것을 분하게 생각한다.

90억 원밖에 없어서 비참해!

◆◆◆

지인 중에 종로에서 금은방을 하고 있는 분이 있는데, 재산이 약 90억 원 정도 된다. 사람들은 그를 부자라고 부러워하지만 정작 본인은 백억 대의 자산가가 아니라는 이유로 비참함을 느낀다고 한다. 주변 지인들이 다 수백억 대의 자산가이기 때문이다. 그래서 자신도 반드시 백억 대의 부자가 되겠다면서 정말 절약하고 산다.

백억 대의 자산가들은 천억 대 자산가의 반열에 끼고 싶어 하고, 천억 대의 부자들은 1조 클럽에 들어가기를 꿈꾼다. 그래서 부자들이 오히려 항상 부족함을 느끼고 더 열심히 부를 축적하려고 한다.

이는 만족감의 문제다. 부자를 대상으로 마케팅을 하는 이들이 반드시 알아야 할 것은 부자들은 자신의 부에 만족하지 못한다는 사실이다. 부자들은 수천억 원의 자산을 갖고 있어도 계속, 더, 많이, 벌고 싶어 한다.

부자는
행동한다

부자는 게으르지 않다

♦♦♦

누구나 부자가 되고 싶어 한다. 그러나 진짜 '부'를 가진 사람들은 그리 많지 않다. 《부자아빠, 가난한 아빠》의 저자 로버트 기요사키는 사람들이 부자가 되지 못하는 5가지 이유가 있다고 말한다. 두려움, 냉소주의(사회적, 도덕적 가치들을 불신하는 경향, 사회를 향한 좌절감), 나쁜 습관, 거만함, 게으름이다. 이 5가지 중 가장 큰 원인을 하나를 꼽으라면 나는 지체없이 '게으름'을 선택할 것이다.

누구나 아이디어를 떠올리고 그럴듯한 계획을 세우곤 하지만, 생각에만 그치지 않고 실제로 행동하는 이는 극소수다. 바로 이 행동하는 소수가 부자가 된다. 실제로 내가 만나본 부자들이 그랬다. 그들 중 게으른 사람은 없었다. 무엇보다도 부자는 게으를 수가 없다.

좋은 투자 기회가 왔다고 가정해 보자. 많은 사람들이 좋은 기회라는 생각이 들더라도 이렇게 이야기한다. "내가 돈이 어디 있어. 돈만 있으면 할 텐데……." 투자금을 마련해볼 생각을 하기보단 자신의 신세를 한탄하며 포기한다. 그리고 시간이 지나 '그때 빌려서라도 투자를 했어야 했다'며 아쉬워한다.

반면에 부자가 된 사람들, 혹은 부자가 될 가망성이 보이는 사람들은 다르다. 같은 이야기를 들었을 때, 그들은 "지금 당장 돈은 없는데, 한번 투자금을 마련해봐야겠어"라고 이야기한다. 좋은 기회라는 생각이 든다면 일단 어떻게 돈을 마련할 수 있을지 방법을 찾아본다. 사업 계획서를 만들고 은행에서 초기 자본을 빌려 투자금을 마련하는 식이다.

〈태양은 없다〉라는 영화에서 정우성은 이정재에게 좋은 아이템이 있는데 사업을 같이 하자고 한다. 이 말에 이정재는 돈이 얼마나 있냐고 묻는다. 이때 정우성의 대답, 단 한마디가 지금까지 생생하게 들린다. "사업하는 데 무슨 돈이 필요하냐?"

부자가 된 사람들도 대부분 처음부터 자기 돈으로만 시작하지 않았다. 투자를 받기 위한 방법을 연구하고 실행에 옮겼다.

생각은 누구나 할 수 있지만 이를 실행에 옮기는 일은 결코 만만치 않다. 누구나 투자 실패에 대한 부담감과 두려움을 느낀다. 하지만 부자가 되는 사람들에게는 설령 실패하더라도 다시 들이대는 '뻔뻔함'이 있다. 많은 사람들은 '생각만' 하지만 부자가 되는 사람들은 실제로 '행'하는 것이다. 이러니 어찌 부자가 게으를 수 있을까.

부자는 결심하고 행동한다

◆◆◆

누구나 부자가 될 수 있다. 하지만 극소수의 사람들만이 부를 누리게 되는 이유는 바로 대부분의 사람들이 '결심'과 '행동'을 하지 않기 때문이다. 부에 대한 환상에 젖어 부자들의 삶을 그저 동경하기만 할 뿐, 진짜로 결심하고 행동하지 않는 것이다. 부자가 되는 사람들은 결심하고, 진짜 결심을 한 사람은 일단 행동한다.

국내 최초 웃음치료사인 이요셉과 김채송화 저자의 《머니 패턴》(비즈니스북스, 2019)에서도 이와 일맥상통하는 이야기를 찾아볼 수 있다. 저자들의 이야기에 따르면, 우리가 돈을 쓰고 버는 것에 일종의 '머니 패턴'이 있다고 한다. 부자들의 머니 패턴은 다음과 같다.

1. 부자는 지나간 나쁜 일은 빨리 잊는다.

2. 부자는 부자의 말에 귀를 기울인다.
3. 부자는 반드시 플랜 B를 세운다.
4. 부자는 포기 대신 가능성에 집중한다.
5. 부자는 생각에만 머물지 않고 행동한다.
6. 부자는 종잣돈을 중요하게 여긴다.

나는 여기서 '5번'에 대해 이야기하고 싶다. 앞서 말했듯이, 부자와 그렇지 않은 사람의 가장 큰 차이는 바로 '행동'이다.

세계적 전자 상거래 기업 '알리바바' 그룹의 창업자인 마윈은 사업 기회를 잘 포착하고 언론과 평판을 잘 이용하는, 성공한 사업가로 잘 알려져 있는 인물이다. 그는 수많은 창업 실패를 겪고, 무려 40번이나 투자 유치에 실패했지만 결코 멈추지 않았다. 오히려 수많은 실패를 거름 삼아 결국 골드만삭스로부터 500만 달러, 소프트뱅크로부터 2천만 달러를 유치하는 데 성공하며 전자상거래 제국을 건설할 수 있었다. 흙수저 출신인 그가 엄청난 자산가가 되기까지 얼마나 열정적으로 '행(行)'했는지는 감히 상상하기조차 어렵다.

하기 싫은 일을 한다

◆◆◆

한 대학에서 졸업을 앞둔 수백 명의 학생들을 대상으로 강의를 한 적이 있다. 사회에 나가기 위해서 어떤 준비를 해야 하는 것이 좋을지, 부자들은 어떤 준비를 했는지에 대한 이야기를 들려줬다. 강의가 끝나자 한 학생이 이런 질문을 했다.

"어떻게 해야 부자가 될 수 있나요?"

나는 그 학생에게 물었다.

"당신이 가장 하기 싫어하는 일은 무엇입니까?"

그는 책 읽는 것을 싫어한다고 했다. 나는 그에게 "그럼 당신이 가장 싫어하는 일인 책 읽기를 하라"고 답했다.

말 잘하고 어울리기를 좋아하는 사람은 책을 읽고 공부를 해서 실력을 쌓으면 무조건 성공할 확률이 높다.

나는 원래 운동을 엄청 싫어하는데, 영업을 위해 억지로 골프를 배웠다. 내가 상대해야 하는 부자들은 다들 골프를 좋아하기 때문이었다. 처음에는 좋아하지도 않는 골프를 배우는 일이 정말 힘들었다. 잘 못하니까 남들보다 2배나 더 많이 연습을 해야 했다. 그런데 그러다 보니 실력이 늘고 재미가 붙어 나중에는 골프를 정말로 즐기게 되었다. 부자들과 자연스레 골프 이야기를 나누게 되었고 그 결과 당연히 영업이 잘되었다.

부자들에게 영업을 하기 위해서는 힘들더라도 먼저 골프를 배우는 것이 좋다고 말하고 싶다. 요즘은 젊은 사업가들도 골프를 좋아한다.

자존심을 버린다

◆ ◆ ◆

모 건설사 회장님에게 직접 들은 이야기다. 그는 서른아홉 살에 정말 완벽하게 사업이 망한 적이 있었다고 한다. 완전히 파산해 너무나 절박한 마음으로 대출을 받기 위해 은행 지점장을 찾아갔지만 전혀 대출을 받을 수 없었다. 파산한 회사에 대출을 해주려는 지점장이 있을 리 만무했다. 하지만 그 회장님은 거기서 포기하지 않았다. 지점장의 집으로 찾아가 머리를 땅에 박으면서까지 회사를 살려달라고 애원했다고 한다. 자존심을 완전히 다 내려놓은 것이다. 꼭 이것 때문은 아니었지만 결국 대출을 받았고 회사는 기사회생했으며, 지금은 해당 업계에서 현금을 가장 많이 보유한 회사로 성장했다.

자존심은 부자가 된 다음에 챙기면 된다. 그전까지는 완벽히 버려야 한다. 부자가 되겠다는 '진짜' 결심은 그런 것이다. 목적을 위한 고통을 전부 감내하겠다는 것을 의미한다.

부자는 게으를 수 없다

◆◆◆

부자의 삶은 여유롭게 명품을 쇼핑하고, 누군가 차려주는 밥을 먹고, 누군가 운전해주는 차를 타면서 인생을 즐기는 것이 전부가 아니다. 그건 모두 부에 대한 환상일 뿐이다. 부자들이 돈을 지불하면서도 기사를 고용하는 것은 그저 편하게 가고 싶기 때문이 아니다. 그 시간에 다른 사업을 연구하거나, 업무를 하거나, 업무에 써야 하는 에너지를 비축해두기 위한 것이다. 다시 말해, 더 생산적으로 일하기 위한 것이다. 앞서 말했듯, 부자는 행동하기 때문에 게으르고 싶어도 게으를 수가 없다.

서점에 가면 부자와 관련된 책들이 무수히 많다. 돈의 흐름이나 부자들이 어떤 생각을 하는지 등에 관해 다양한 책들이 있다. 하지만 진짜 부자가 되기 위해서라면, 그런 책들이 필요한 것이 아니다. 부자와 관련된 책을 읽어서 부자가 되는 것이 아니라, 부자가 되기 위해 필요한 지식을 담고 있는 책을 읽어야 부자가 되는 것이다.

부자가 되기까지의 과정은 결코 쉽지 않다. 부자가 되고 싶다는 생각만 하고 행동은 하지 않는다면, 그건 그저 편하게 살고 싶은 것이지, 부자가 되고 싶은 게 아니다. 중요한 건 진짜 결심을 하는 것이고, 결심한 대로 움직이는 것이다. 진짜 부자가 된 사람들은 하고자 하는 일을 실제로 해서 성공적인 결과를 만들어낸 사람들이다. 단순히 호의호식하면서 게으르게 살기 위해 부자가 된 사람은 없다. 아무리 힘들어도 결심에 따라 최선을 다해 움직이는 사람들이 진짜 부자가 된다.

2장

럭셔리 마케팅
차별화 전략

명품과 럭셔리는
동의어가 아니다

럭셔리의 정의부터 제대로 내리자

◆ ◆ ◆

'명품'이라는 단어를 한번 떠올려보자. 대부분의 사람들은 에르메스, 구찌, 프라다 같은 대표 럭셔리 브랜드가 먼저 떠오를 것이다. 하지만 명품의 사전적인 정의는 '뛰어나거나 이름난 물건, 또는 그런 작품'이다. 모든 좋은 물건들을 통칭하는 단어인 것이다.

우리가 '명품' 하면 떠올리는 샤넬, 구찌와 같은 고가 브랜드의 상품들은 사실 명품 중에서도 극히 일부에 불과하다. 이것은 사치품, 호화품을 의미하는 '럭셔리(Luxury)'에 가깝다. 이렇듯 '명품'과 '럭셔리'는 실제로는 동의어가 아니지만, 우리는 통상적으로 '명품'이라는 단어를 '럭셔리'의 의미로 사용하고 있다. 왜 그렇게 된 것일까?

김난도 서울대 소비자학과 교수는, "한국 정서상 '사치품'이라는 단어가 주는 거부감이 있기에 이를 줄이고 소비자들의 선망을 불러일으키기 위해 '명품'이라는 단어를 사용하게 됐다"라고 한다. 그렇다고 해서 럭셔리라는 단어가 딱 샤넬, 구찌와 같은 특정 브랜드의 호화품을 가리킨다고 보기는 어렵다. 이는 시대에 따라 달라지는 것이기 때문이다. 프라다, 구찌가 처음 만들어질 때부터 명품으로 불렸던 것은 아니다. 반대로 과거에는 명품이었지만 지금은 아닌 것들도 있다.

그렇다면 럭셔리는 어떻게 정의할 수 있을까? 다양한 방법이 있겠지만 나는 이렇게 정의하고 싶다. '변화하는 욕망'이라고 말이다. 명품은 시대에 따라 바뀐다. 시대에 따라 명품으로 불리는 물건의 종류가 달라질 뿐만 아니라 명품을 바라보는 사람들의 시각도 변화한다.

과거 벤츠 자동차를 젊은 사람이 몰고 다니면 길 가던 사람들이 돌을 던지던 때도 있었다. "어디, 제 아버지가 사줬으면서!" 등의 질투 섞인 비난을 하면서 말이다. 하지만 지금은 벤츠를 몰고 다닌다고 해서 돌을 던지는 사람은 아무도 없다.

'럭셔리'가 되기 위해서는 몇 가지 조건이 필요하다. 반드시 사용 용도가 뚜렷하고 유용해야 하며, 아름다운 형태(미적 가치)가

있어야 하며, 그 형태를 유지할 수 있는 견고함(만듦새)이 있어야
한다.

럭셔리를 바라보는 시선에는 긍정적인 시선과 부정적인 시선
이 동시에 존재한다. 누군가 몇천만 원짜리 명품 가방을 들고 다
니면 어떤 사람은 '아, 부럽다. 나도 한번 들어봤으면……' 하는
선망의 시선으로 쳐다보지만, 또 어떤 사람은 '가방 하나에 몇천
을 쓴다고?' 하며 부정적인 시선을 던지기도 한다.

럭셔리로서의 명품의 3가지 속성

◆◆◆

리치 마케팅을 할 때 명품을 사는 부자들의 심리를 파악해야
하므로 명품의 속성을 기본적으로 알고 있어야 한다. 우리가 명
품이라고 일컫는 럭셔리 제품들은 다음의 3가지 속성이 있다.

첫째, 희소성: 아무나 가질 수 없다

아무나 가질 수 있는 물건을 명품이라고 부르기는 어렵다. 그
래서 명품은 대부분 고가이며, 희소성이 있다고 한다. 나아가 명
품 메이커들은 제품의 희소성을 지키기 위해 여러 가지 방법을
동원한다.

흔히 '에루샤'라고 불리는 3대 명품 브랜드인 에르메스, 루이

비롯, 샤넬은 아울렛 매장에 입점되어 있지 않다. 또한 제품의 희소성을 지키고 최고급 이미지를 유지하기 위해 재고가 생기는 경우 아울렛 매장에서 싸게 팔지 않고 소각 처리하는 것으로 유명하다.

구찌, 프라다, 버버리 등 다른 명품 브랜드도 아울렛 매장에 들어간 재고의 경우 일정 금액 이하로 판매하지 않고, 남는 것들은 소각 처리한다(단, 2019년 프랑스는 소각으로 인한 환경 문제를 이유로 제품 소각금지 법안을 통과시켰다). 최근 환경 문제가 대두되면서 소각 처리에 대한 사회적 비난이 빗발치자 명품 메이커들은 재고나 남은 원단으로 새로운 제품을 만드는 등 변화의 움직임을 보이고 있다.

우리나라 의류 브랜드 중에도 40년 전, 최고급 브랜드 이미지를 유지하기 위해 재고를 소각한 기업이 있다. 바로 한섬에서 만든 'TIME'이란 의류 브랜드다. 한섬의 전 주인이었던 정재봉 회장은 TIME을 럭셔리 브랜드로 키우기 위해 백화점에서 팔고 남는 재고분은 무조건 소각 처리했다. 아울렛 매장에 들어가는 것을 원천적으로 차단한 것이다.

그 결과 TIME은 백화점에서만 살 수 있는 고급 브랜드로 인식되어 지금까지 사랑받는 토종 럭셔리 브랜드가 되었다. 이처럼 명품 메이커들이 재고를 소각하면서까지 지키고자 했던 가치는 바로 희소성이었다.

희소성의 가치를 보여주는 또 다른 예로, 명품 골프장 중에 하나인 송도 잭니클라우스 골프 클럽을 들 수 있다. 잭니클라우스 회원권은 100억 원을 지불해도 살 수 없다. 회원권 가격이 100억 원이란 뜻은 아니다. 실제 회원권 가격은 10억 원대지만 아무나 들어오지 못하기 때문에 100억 원을 낸다고 해서 구입할 수 없다는 의미다.

새로운 회원이 들어오려면 기존 회원이 탈퇴하고 모든 회원의 동의를 얻어야만 들어올 수 있다. 이러한 고가의 회원권은 회원이 한 명이라도 반대하면 회원으로 들어올 수 없다. 2022년 현재 100명 이상이 대기 상태다. 이러한 회원권은 트리니티CC, 남부CC, 안양CC 등 여러 곳이 있다.

둘째, 상징성: 추구하는 뚜렷한 철학과 가치가 있다

과거에는 명품이 도구로서의 실용성과 견고함을 갖추는 것만으로도 주목을 받을 수 있었다. 그러나 현재는 그것만으로는 부족하다. 오늘날 명품 여부를 가리는 주요한 기준 중의 하나는, '브랜드가 추구하는 철학과 가치가 소비자에게 얼마나 전달되는가'이다. 브랜드가 가지고 있는 고유의 가치관 그리고 이를 실현하기 위해 거친 수많은 시행착오와 높은 수준의 결과물, 이에 대한 소비자의 이해가 모두 공존할 때 비로소 명품이라는 수식어가 성립된다.

많은 럭셔리 브랜드들이 원가 절감을 위해 중국에 공장을 두고 제작의 마무리 단계만 이태리와 프랑스에서 하면서 Made in Italy, Made in France 태그를 붙이는 경우가 많다. 이에 반해 세계에 단 43곳뿐인 곳에서 오직 장인들만이 제품을 만드는 브랜드가 있다. 바로 에르메스(HERMES)다.

에르메스 가방은 처음부터 끝까지 한 사람의 장인이 책임지고 제작한다. 가방의 안감 재단부터 가죽 마감, 염색, 손잡이와 버클 달기까지 모든 작업을 한 사람이 한 자리에서 담당하는 것이다. 그런 만큼 애프터 서비스까지 제품을 제작한 장인이 모두 책임진다.

명품 브랜드 전문 리서치 기관의 조사에 따르면, 에르메스 장인 1명의 가치는 약 50억 원에 달한다고 한다. 이들은 전세계에 단 2천 명밖에 되지 않으며, 가죽 학교에서 3년, 에르메스 공방에서 2년, 총 4만 3천 시간 이상의 연습 기간을 거쳐야만 공식적으로 제작에 투입될 수 있다고 한다.

이와 같이 에르메스는 '품질에 대한 타협은 없다'는 장인정신을 바탕으로 한땀 한땀 정성 들여 최고의 제품을 만든다. 창립 이후 200년이 흐른 오늘날까지 변함없이 지켜오고 있는 이 철학 덕분에 에르메스는 명품 소비자들 사이에서 명품 중의 명품, 슈퍼 하이엔드 레벨(Super-High-End Level)로 불리고 있다.

셋째, 역사성: 시대가 명품을 선택한다

로마 시대에는 비누가 진정한 명품이었다. 당시 비누는 아무나 쓸 수 있는 물건이 아니었다. 로마의 황제나 귀족들만 사용할 수 있는 것이었다. 그 당시 서민들의 소원은 뭐였을까. '아, 나도 비누로 한 번 샤워해 보고 싶다'였을 것이다. 하지만 요즘 시대에 그것이 소원인 사람은 없을 것이다.

또 삼십 년 전에는 휴대폰이 명품이었다. 그 당시 휴대폰 가격이 450만 원 정도였는데 지금으로 치면 약 천만 원에 해당하는 가격이다. 그렇기에 웬만한 부자가 아니라면 도저히 살 수 없는 물건이었다. 그렇지만 지금은 누구나 가지고 다니는 물건이 되었지만 말이다.

이처럼 명품은 역사성을 갖는다. 앞서 말한 비누, 휴대폰처럼 과거에 명품이었으나 더 이상 명품이 아니게 된다. 그런데 반대로 시대의 선택을 받아 새롭게 명품으로 부상하는 제품들이 있다. 후자의 경우, 프라이탁(독일어: FREITAG lab. ag)이라는 브랜드의 가방이 그렇다.

프라이탁은 트럭의 방수포, 폐타이어 등 버려지는 자재들을 재활용해 가방을 만드는 친환경 업사이클링(Upcycling) 브랜드다. 취리히에서 디자인을 공부하던 마르쿠스 프라이탁(Markus Freitag)과 다니엘 프라이탁(Daniel Freitag) 형제가 비에 젖지 않는 튼튼한 가방을 찾다가 트럭 방수포와 폐타이어를 활용해서 직접 가방을 만든 것이 브랜드의 시작이었다.

프라이탁은 가방을 만드는 재료를 100% 재활용품으로 사용했을 뿐 아니라 재료를 손질하고 재단하는 공정까지도 모두 친환경을 추구했다. 프라이탁 형제가 가방에 담아낸 친환경 경영 철학에 시대가 답했다. 기후위기 속에서 친환경 제품을 찾는 사람들이 프라이탁의 가치를 높게 평가한 것이다.

20여 년이 지난 현재 프라이탁은 직원 170여 명, 전세계 매장 500여 개, 연간 매출 500여억 원인 글로벌 기업으로 성장했다. 가방의 가격은 비싼 경우 100만 원 이상을 호가하지만 없어서 못 팔 정도로 업사이클링계의 명품으로 자리 잡았다.

이처럼 시대가 명품을 선택한다. 더 정확히는 그 시대를 살아가는 사람들이 명품이 명품임을 결정하는 것이다. 리치 마케터들이 시대의 흐름을 읽고 있어야 하는 이유가 여기에 있다.

명품이란 스스로 가치를 만들어내는 것이다

백화점 VIP 고객 전담팀의 이야기를 다루는 드라마 〈VIP〉의 한 에피소드를 소개하고 싶다. 이 에피소드에서는 어떤 고객이 쇼핑하러 왔다가 종업원이 자신을 졸부라고 험담하는 이야기를 듣게 된다. 기분이 상한 고객은 매장에서 소란을 일으켰고, 팀장인 나정선(장나라 분)이 무릎까지 꿇으며 고객의 기분을 풀어주려고 노력한다. 이후 어느 정도 마음이 누그러져 다시 쇼핑을 시작한 고객이 자신의 곁에 있던 신입 여직원에게 이렇게 묻는다.

"당신 눈에도 내가 졸부로 보여?"

"아니요, 그렇지 않습니다."

"아냐, 나 졸부 맞아. 그래서 명품이라도 계속 사는 거야. 명품을 사고, 또 사고……. 그런데, 아무리 사도 채워지지가 않네."

이 이야기를 통해 우리는 명품이 꼭 손으로 만질 수 있는 유형재에 해당하는 것만은 아니라는 점을 깨달을 수 있다. 아무리 비싼 옷을 걸쳐도 채울 수 없는 졸부 고객의 공허함을 닮지 않으려면, 명품의 가치를 스스로 만들어낼 수 있어야 한다. 명품에 의해 스스로의 가치를 '부여받는' 것이 아니라 자신의 삶에 명품의 가치를 '부여하는' 사람이 되어야 한다. 우리는 모두 이미 명품으로 태어났다. 비단 명품 브랜드만 그런 것이 아니라 우리 모두에게 단 하나밖에 없는 개인의 역사가 있다. 에르메스가 역사 속에서 그만의 뚜렷한 디자인 철학과 기준을 고집해온 것처럼, 우리도 남들과 타협이 불가한 나만의 확고한 기준을 가지고 있어야 한다. 이러한 기준은 하루아침에 만들어지지 않는다. 개인의 하루하루가 모이고 모여 탄생하는 나만의 가치관인 것이다.

전통과 만난
럭셔리

명품이 전통을 입다

◆◆◆

'명품 매장 거리'라 불리는 청담 사거리를 가면, 영국을 대표하는 패션 브랜드 버버리 플래그십(Flagship) 매장이 가장 먼저 눈에 띈다. 이 매장은 영국식 건축 양식과 버버리의 체크 무늬를 떠올리게 하는 독특한 외관이 인상적이다.

버버리가 국내 첫 플래그십 매장을 선보이자, 청담동 명품거리를 중심으로 수입 브랜드들의 플래그십 매장 경쟁에 불이 붙었다. 2000년대 초에는 명품 매장이 단순한 '대형 가두점'의 성격이었다면, 지금은 브랜드의 영향력과 이미지를 나타내는 상징적 요소가 됐다.

2016년에는 까르띠에 메종 청담 플래그십 매장이 들어섰다. 이곳은 다른 고가 브랜드의 건물들과는 다르게 한국 문화와 조화를 이룬 독창적인 건물 디자인을 지닌 곳이다. 한옥의 문살과 기와 지붕 형태의 디딤돌, 전통 자개와 한지로 장식해, 곳곳에서 동양의 정취가 물씬 풍긴다. 가장 럭셔리한 명품 매장이 한국 고유의 전통미를 갖춘 건물로 탄생한 것이다.

한국가구박물관은 CNN에서 '한국에서 가장 아름다운 박물관'으로 소개할 정도로 외국인에게 더 잘 알려진 숨은 보석 같은 곳이다. 이곳에서 구찌는 91주년 기념으로 한국의 전통 목가구와 구찌의 대표 제품을 조화시킨 '특별 아카이브전'을 개최했다. 구찌의 역사를 우리나라 전통 공간에 서술한다는 콘셉트 자체가 획기적이어서 많은 사람들의 관심을 받았다.

구찌의 크리에이티브 디렉터인 프리다 지아니니(Frida Giannini)는 "이번 특별 전시회는 구찌와 한국가구박물관이 문화유산에 대한 존중을 바탕으로 소중한 문화유산들을 다음 세대에도 전수하고자 하는 미래 지향적 취지에서 기획됐다"고 이야기했다. 또한 2021년에 100주년을 기념해 이태원에 우리나라 전통 주택을 의미하는 '가옥'이라는 이름을 붙인 플래그십 매장 2호점 '구찌 가옥'을 오픈하기도 했다.

구찌뿐만 아니라 루이비통 역시 전통과 명품을 결합한 연출로 이목을 끌었다. 루이비통은 2019년 10월 청담동에 플래그십 매장을 열었는데, 이 건물은 빌바오 구겐하임 미술관, 프라하 댄싱 빌딩, LA 디즈니홀 등을 설계한 세계적인 건축가 프랭크 게리(Frank Gehry)의 작품이다. 프랭크 게리는 부산의 동래 학춤의 흰 도포 자락과 수원 화성의 성벽과 망루에서 영감을 얻었다고 한다. 특유의 곡선미를 강조한 건축 스타일과 차분한 석재로 한국의 미를 아우른 모습이 매우 인상적이다.

호텔에 전통이 스며들다

◆◆◆

명품뿐만 아니라 세계적인 럭셔리 호텔에서도 전통과 어우러진 모습을 찾아볼 수 있다. 2015년 10월에 오픈한 특급 호텔 '광화문 포시즌스 호텔'은 포시즌 특유의 럭셔리한 분위기를 살리면서도 룸에 자기(瓷器)를 배치하는 등 한국의 전통적인 미가 녹아나올 수 있도록 해 더욱 차별화된 럭셔리함을 느낄 수 있는 곳이다.

우리나라 최고급 호텔인 신라 호텔 또한 서울 최초로 럭셔리 '전통 한옥 호텔'을 추진하고 있다. 2020년 7월 공사에 착수했지만 코로나19 사태로 인해 같은 해 10월 말 건립을 일시 중단했다. 코로나19 사태가 호전되면 공사를 재개할 예정이다.

최근 건축된 용산의 아모레퍼시픽 건물도 좋은 사례다. 영국

출신 세계적인 건축가인 데이비드 치퍼필드(David Chipperfield)는 이 건물을 설계할 때 한국적인 아름다움을 나타내는 달항아리 백자를 모티브로 삼았다고 한다. 서울의 평범한 건물들 속에 자리한 달항아리 백자를 본뜬 건물은 가장 한국적이어서 친근하고 편안하면서도 그래서 더욱 차별화된 럭셔리함이 살아 있는 콘셉트의 건축물이다. 또한 이 건물의 내부는 자연과 호흡할 수 있도록 중정(건물 안에 설치한 정원이나 안채와 바깥채 사이의 뜰)이 설계되어 있다.

앞으로의 럭셔리는 계속해서 전 세계 지역 곳곳의 전통과 문화를 담아내는 방향으로 흘러갈 것이다. 지역 전통과 만난 럭셔리는 유행을 타지 않는다. 오랜 기간 이어져 내려온 것처럼 앞으로도 영원히 지속될 수 있다. 따라서 럭셔리 브랜드들은 지역 문화유산의 가치를 존중하고, 이를 브랜드의 긍정적인 이미지 구축에 활용하는, 미래 지향적 마케팅 전략을 사용하고 있다.

럭셔리 마케팅은
부자와의 심리전이다

.

고객의 마음을 사로잡는 5가지 심리학 이론
◆◆◆

마케팅(Marketing)의 사전적 의미는 '소비자의 수요를 만족시키기 위해 상품 또는 서비스를 효율적으로 제공하는 활동'이다. 일반적으로 마케팅에서의 '마켓(Market)'은 곧 '고객(Customer)'을 의미한다. 그러므로 마케팅에서는 상품을 구매하는 고객을 위해 그들이 갖고 있는 니즈(Needs)가 무엇인지를 알아내는 것이 무엇보다 중요하다. 그것이 마케팅의 첫 시작이기 때문이다.

그러나 럭셔리 마케팅은 일반적인 마케팅과는 다른 특성이 있다. 럭셔리 마케팅만의 남다른 특성을 보다 쉽게 이해할 수 있도록 'Marketing'이라는 단어를 다음과 같이 새로운 시각으로 설명해 보려고 한다. 우선, 마케팅의 마켓은 '고객(Customer)'이 아니라, 사전적 의미 그대로의 '시장(Market)'이다. 그리고 Marketing의 'ing'는 현재 진행의 의미다. 즉 럭셔리 마케팅은 기존에 없던 고가의 시장을 새로이 만들어나가는 것이다.

예를 들어 청담동에 새로운 고가의 주택이 지어지면 그것을 판매하기 위한 새로운 시장이 필요하다. 100억 원 이하의 주택 시장은 이미 존재하지만, 기존 가격의 두 배에 달하는 새로운 주택을 판매하기 위해서는 새로운 시장(Market)을 만들고 이 상품에 적합한 마케팅을 진행(ing)해야 하는 것이다.

이러한 새로운(New) 고가 시장에서 마케터들에게 무엇보다 중요한 것은, 고객의 마음을 사로잡을 수 있는 판매자가 되어야 한다는 것이다. 당연한 이야기라고 생각할지 모르지만, 일정선의 가격을 넘기게 되면 고객은 제품보다 제품을 판매하는 사람을 보게 되기 때문이다. 그래서 고객의 마음을 사로잡는 마케터가 되기 위해 알아두면 좋은 5가지 심리학 이론을 간단히 소개하려고 한다.

포모증후군(Fear of Missing Out)

기회를 놓치는 것을 두려워하는 마음이다. 제품의 공급량을 줄이거나 제품과 관련해 특별한 혜택을 제한적으로 제공해서 좋은 기회를 놓치고 싶지 않은 마음을 자극하는 마케팅 전략에 사용될 수 있다. '한정 수량', '오늘만 이 가격', '소량 입고'와 같은 전략이 바로 이에 해당한다. 사고 싶던 물건이 '매진 임박'되었을 때 바로 구매했던 적이 있다면 이 포모증후군을 겪은 것이다.

프레이밍 효과(Framing Effect)

'틀짜기 효과'라는 뜻으로, 같은 정보라고 할지라도 정보를 제시하는 방식이 달라지면 정보를 해석하는 차이가 난다는 이론이다. 특정 사실을 숫자로 많이 나타낼수록 긍정적 사실은 더욱 긍정적으로 해석하게 된다는 연구 결과가 있는데, 플레이밍 효과 중 하나다. 이를 마케팅에 적용하면 '우리 제품의 재구매율은 30%다' 보다는, '우리 제품은 100명 중 30명이 재구매를 한다'고 표현해서 고객들이 제품을 더 긍정적으로 인식하게 만들 수 있다.

사회적 증거(Social Proof)

사람들은 어떤 결정을 내려야 할지 확실하지 않은 상태에서는 다른 사람들의 행동과 의견을 선택의 기준으로 삼는 경향이 있다는 이론이다. 마케팅에서는 특정 제품을 얼마나 많은 사람들이 좋아하고 선택하는지에 대한 정보를 제시함으로써 소비자의 구매를 이끌어낼 수 있다. 살지 말지 고민하다가 좋은 후기를 보고 구매를 결정하는 것, 또는 '분야 점유율 1위' '100만 다운로드 돌파!' 등의 문구가 이에 해당한다.

디코이 효과(Decoy Effect, 유인 효과)

행동경제학 분야의 세계적 권위자인 댄 애리얼리(Dan Ariely)는 다음과 같은 심리 실험을 한 적이 있다. 영국의 시사 주간지 〈이코노미스트(The Economist)〉 구독과 관련해 학생들에게 3가지 선택지를 제시했다.

1. 59달러: 온라인 버전
2. 125달러: 프린트 버전
3. 125달러: 온라인 + 프린트 버전

이렇게 3가지 선택지가 주어졌을 때 대부분의 학생들은 세 번째 125달러(온라인 + 프린트) 선택지를 선택했다. 그런데 두 번째 선택지를 없애고 2가지만 보여줬더니 학생들은 저렴한 온라인 버전을 선택했다고 한다. 이것이 디코이 효과로, 주어진 조건 내에서 최선을 선택하려고 하는 심리기제다. 마케팅에서는 소비자에게 선택의 폭을 제공하되, 판매자의 의도대로 선택하게 만드는 전략으로 사용된다.

손실회피 심리(Loss Aversion)

사람들이 이득을 취하기보다 손실을 회피하고 싶은 마음이 더 강하다는 심리를 말한다. 이를 마케팅에 적용하면, 고객이 잃기 두려워하는 돈, 시간 등을 파악하고 당신이 판매하고자 하는 제품이 그들이 두려워하는 것을 예방할 수 있다는 인식을 심어 줘야 한다.

이 5가지 심리 전략을 이해한다면, '고객의 마음을 훔치는 일'이 좀더 수월해질 것이다. 마케터는 구매에 가장 큰 영향을 미치는 소비자 심리를 어떻게 다룰 것인지 가장 신중히 고민해야 한다. 소비자는 늘 합리적인 소비만을 하지 않는다는 것을 꼭 기억하자.

칭찬은
뉴욕에서도 통한다

난생처음 뉴욕에 가다

◆ ◆ ◆

나는 비행기 타는 걸 극도로 싫어한다. 누군가 세상에서 제일 무서운 일이 무엇이냐고 물으면 주저 없이 비행기 타는 것이라고 이야기할 것이다. 비행기 공포증 때문이다. 웬만하면 해외에 나가지 않으려고 하는데, 장장 14시간에 걸쳐 비행기를 타고 미국, 그것도 뉴욕에 비즈니스를 하러 간 적이 있다. 뉴욕 맨해튼 엠파이어스테이트 빌딩 근처에 있는 최고급 콘도를 한국에 소개하는 일을 맡았기 때문이다(미국에서는 최고급 자가 아파트를 콘도라고 부른다).

현지 디벨로퍼(Developer, 부동산 관련 개발사업자) 회장은 이 콘도가 미국에서도 아직 분양을 시작하지 않은 물건이라고 했다. 한국에서 분양을 하게 된다면 세계에서 가장 빠른 분양이 한국에서 이루어지게 되는 것이라며, 그만큼 중요한 분양 건이라는 점을 여러 차례 강조했다.

그렇게 도착한 뉴욕에서 석유와 부동산 재벌 유대인을 만났다. 그는 뉴욕에서도 거물이라고 손꼽히는(전 미국대통령 트럼프보다도 더 부자라는) 사람으로, 거대한 기업체를 소유한 회장이라고 했다. 회장실로 안내를 받아 들어가니 회의용 탁자 가운데 회장과 임원들이 앉아 있었다. 회장의 딸도 임원으로서 함께 자리하고 있었다.

형식적인 인사를 나누고 나자 회의실에는 어색한 침묵이 감돌았다. 많은 미팅을 해왔지만, 첫 만남은 어색한 경우가 많다. 서로 잘 모르다 보니 자연스럽게 이야기를 꺼내는 것이 쉽지 않은 것이다. 그때도 그런 분위기여서 다들 서로 눈치만 보고 있었다. 덩달아 눈치를 보다가 '이래서는 안 되겠다, 이 어색한 분위기를 깨야겠다'는 생각이 들었다.

비즈니스에서 첫 미팅은 어렵고 어색하지만 그래서 가장 중요하기도 하다. 첫 만남의 어색함을 줄이면서 효과적으로 미팅을 이끌어가야 하는데, 이럴 때 내가 자주 사용하는 유용한 팁이 하나 있다. 바로 상대방에 대한 '칭찬'으로 이야기를 시작하는 것이다.

나는 회의실에 감도는 어색한 침묵을 깰 방법을 찾기 위해 주위를 살펴봤다. 회장의 딸이 바로 내 정면에 앉아 있었고 그녀의 인터뷰 사진 기사가 실린 잡지가 책상 앞에 놓여 있었다. 나는 통역하는 친구에게 잡지 사진보다 실물이 훨씬 예쁘다고 전하라고 했다. 그는 놀란 듯 왜 그런 이야기를 하냐고 하면서 그런 말이 실례가 될 수 있다고 했다. 하지만 나는 칭찬이 어색한 분위기를 바꿀 수 있다는 확신이 있어서 재차 통역을 요구했다.

내 예상대로, 그녀는 예쁘다는 말을 듣는 순간 환하게 웃었다. 이어서 그녀는 감사하다는 말과 함께 뉴욕은 몇 번째 오는 것인지, 뉴욕의 첫 느낌은 어땠는지 등을 친근하게 물어왔다. 그렇게 자연스레 대화가 시작되었고, 웃음으로 시작된 회의는 마지막까지 화기애애한 분위기 속에서 마무리되었다.

진정성이 느껴지는 칭찬을 하라

◆◆◆

대화의 기술, 처세술에 관한 많은 책들이 첫 대화를 잘하는 방법을 다루고 있다. 그만큼 첫 만남의 어색함을 풀 수 있는 대화를 잘하는 것이 중요하다. 나의 경험상 가장 효과적이었던 방법은 바로 칭찬이었다.

어떤 칭찬이든, '진정성'이 느껴지는 칭찬이 중요하다. 대단히 머리를 굴릴 필요도 없다. 보이는 대로, 느껴지는 대로 진정성 있게 이야기하면 된다. 넥타이가 멋지다고 느껴지면 "넥타이가 정말 멋지네요" 정도면 충분하다. 단, 여기서 중요한 점은 반드시 '진정성'을 담아야 한다는 것이다.

전에 신라 호텔 상무님과 만난 적이 있는데, 영화배우 저리 가라 할 정도로 빼어난 그의 외모에 놀랐던 기억이 있다. 미팅은 오전 10시 반 즈음이었는데 자리에 앉으며 내가 건넨 첫 마디는 "상무님, 정말 잘생기셨네요"였다. 진심에서 나온 칭찬이었다. 그러자 그가 정말 환한 미소를 보이며 말했다. "지금 아침이지만 같이 술 한잔하고 싶어지네요."

시중에 칭찬의 기술과 방법론들이 많이 나와 있지만, 막상 실전에서 적용하려고 하면 잘 안 되는 경우가 많다. 그러니 일단 눈에 보이는 외모에 관련한 칭찬으로 시작해 보자. 경험상 남자들에게 잘생겼다고 했을 때 효과가 정말 좋았다. 이성이 아닌 동성이 동성에게 건네는 칭찬에서 더 큰 진정성이 느껴진다.

첫 만남은 누구에게나 어색하지만 가벼운 칭찬으로 대화를 시작하면 이후 유연하게 대화를 풀어나갈 수 있다. 칭찬은 상대방을 이해하며 인정한다는 의미가 되므로 서로의 관계를 좋게 만드는 효과가 있다. 게다가 칭찬에는 돈이 들어가지도 않는다. 칭찬은 가장 간단하면서도 가장 효과적인 방법이라고 할 수 있다.

칭찬이 가져다주는 긍정 에너지

◆◆◆

하버드대 심리학과 교수였던 로버트 로젠탈(Robert Rosenthal)은 실험을 통해 칭찬의 긍정적 효과를 확인했다. 한 초등학교에서 학생을 무작위로 뽑아 교사에게 명단을 주면서 지능지수가 높은 학생들이라고 했다. 8개월 후 다시 지능검사를 했더니 실제로 그 학생들은 이전보다 지능지수가 높게 나왔고 성적도 향상되었다. 이는 학생에 대해 긍정적 감정을 갖게 된 선생님의 말과 표정 등 이 아이에게 긍정적 자기효능감을 불러일으킨 결과였다.

칭찬과 기대의 효과는 학생뿐만 아니라 부하 직원들이나 사업 파트너에게도 적용된다. 부하 직원들의 능률을 향상시켜 더 나은 성과를 내게 하거나, 사업 파트너와의 관계를 개선시켜 좋은 사업이 성사될 수 있게 할 수 있다.

헤어질 때 나를 각인시켜라

◆◆◆

칭찬의 힘 덕분에, 맨해튼 미팅은 편안해진 분위기에서 비즈니스 이야기가 진행되었고, 결국 나는 맨해튼에 있는 최고급 콘도를 국내에 분양하는 프로젝트를 담당하게 되었다. 뉴욕 맨해튼 콘도를 세계 최초로 국내에서 분양하는 첫 사례가 된 것이다.

모든 비즈니스가 그렇지만 처음만큼 중요한 것이 바로 '마지막'이기도 하다. 마지막에서는 어떻게 '나'를 기억하게 만드느냐가 관건이다. 사업가들은 하루에도 수많은 사람들을 만나므로 만나는 모든 이들을 기억하기조차 어렵다. 어떻게 해야 조금이라도 나를 각인시킬 수 있을까?

맨해튼 미팅이 끝나고 복도에서 회장님이 내게 악수를 청했다. 나도 미소를 띠며 악수에 응했다. 보통 이렇게 악수를 하고 끝내는 경우가 많다. 그 회장님은 하루에 10개가 넘는 미팅을 한다고 들었다. 그러니 그분이 과연 나를 기억하기나 할까. 나는 악수가 끝나자마자 코리아 스타일의 사랑 표현을 아느냐고 묻고 나서 손가락 하트를 가르쳐줬다. 그랬더니 어떻게 이게 하트냐며 소리 내어 웃더니 내게 다시 한번 악수를 청했다. 그리고 회장님은 얼굴에 미소를 가득 담은 채 잘 안 되는 손가락 하트를 날리며 자리를 떠났다. 적어도 그분은 나를 기억하며 손가락 하트를 잊지 못할 것이다.

마케팅 비즈니스의 성공으로 가는 열쇠와 도장이 있다. 첫 만남의 어색함을 푸는 데는 칭찬이라는 열쇠가 있다. 그리고 헤어지는 자리에서는 확실한 나만의 시그니처를 준비하라. 그렇게 찍은 눈도장으로 마무리한다면 당신의 마케팅 비즈니스는 성공으로 이어질 것이다.

특별한 최고과정을
개설하라

황금 인맥은 어디서 만들어질까

◆◆◆

미국 카네기 공과대학 졸업생 중 사회적으로 성공한 사람들 만 명을 대상으로 성공 비결을 묻는 연구가 이뤄진 적이 있었다. 그들은 공통적으로 "전문 지식이나 기술보다는 좋은 인간관계 가 성공의 비결"이라고 답했다. 결국 성공의 뒤에는 '사람'이라는 인맥이 절대적이었다는 것인데, 그렇다면 이쯤에서 이런 의문이 생길 것이다. 과연 어디서 '황금 인맥'을 만날 수 있을까? 부자들 은 어디서 인적 네트워크를 형성하는 걸까?

내가 부자들을 만날 때마다 꼭 물어보는 질문이 있다. "일하 지 않는 시간에는 주로 무엇을 하시나요?" 각자 관심사에 따라

다양한 답변이 나오지만, 부자들의 답변에는 어느 정도 공통점이 있었다. 그것은 바로 '어느 정도 성향이 비슷하거나 취미가 같은 사람을 만나서 어울리고 교류하기를 원한다'는 것이었다. 사람은 모두 외로움을 느끼며 다른 사람들과 어울리고 싶어 한다.

부자들도 마찬가지다. 하지만 본인과 너무 차이가 나지 않는, 즉 어느 정도의 재력과 능력을 가진 사람과 친분을 쌓기를 원한다. 그래서 자연스럽게 부자들이 모이는 장소가 생긴다. 리치 마케터들이 황금 인맥을 만들기 위해 눈여겨봐야 할 곳이다.

골프를 통해 부자 만나기

◆◆◆

부자들의 대표적인 취미 생활은 다들 예상할 수 있듯이 '골프'다. 운동을 같이 하면 사람들은 친해지기 마련이다. 골프를 하면 종목의 특성상 특히 많은 친교의 시간을 가질 수 있다. 그래서 많은 부자들이 골프를 통해서 친분을 쌓고, 때로는 비즈니스를 위해 골프를 하기도 한다.

이러한 이유로 리치 마케터들은 골프와 관련된 여러 가지 마케팅을 기획한다. 단, 골프를 치면 대개 하루 정도 같이 있게 되는데, 골프 실력에 상관없이 은연 중에 각자의 성격이 드러난다. 특히 상대와 많이 친해졌을 때 골프를 치다가 친한 관계가 오히려 악화되는 경우도 종종 생긴다. 그렇게 되면 골프가 오히려 마이너스가 될 수도 있으니 주의해야 한다.

최고경영자과정 활용하기

◆◆◆

골프장 외에 부자들은 어디에서 인맥을 쌓을까? 인간관계란, 하루아침에 이루어지는 것이 아니다. 누군가와 친분을 쌓기 위해서는 일단 만나야 하고 대화도 많이 나눠야 한다. 그러려면 일단 만남의 장이 필요하다.

사람들의 인맥을 쌓고 싶은 욕구를 반영해서 자연스럽게 사교의 장을 제공하는 곳이 있다. 그곳은 바로 대부분의 상위 대학에 개설되어 있는 '최고경영자과정(Advanced Management Program)'이다. 프로그램도 굉장히 다양하다. 골프부터 인문학, 성악, 미술, 부동산 등 거의 모든 분야의 과정이 있다. 수업료도 만만치 않다. 그러다 보니 최고경영자과정에는 부자들이 원하는, 어느 정도 재력이 있으면서 함께 취미를 공유할 수 있는 조건에 해당하는 사람들끼리 모이게 되는 것이다.

수업료는 보통 1년 과정 기준으로 적게는 500만 원에서 많게는 1천만~1천 500만 원 정도인데, 일반 대학 외에도 전국경제인연합회나 한국예술종합학교에서 개설한 수업도 있다. 요즘은 매일경제나 조선일보 등 주요언론사에서 수업을 개설하기도 한다.

수강생 대부분은 회사 중역들이거나 사업체 CEO들이다. 유명 연예인들도 많이 온다. 돈이 많거나 유명하거나, 아니면 둘 다인 사람들이 주로 온다. 한마디로 검증된 사람들이라고나 할까.

한국체육대학 최고경영자과정 입학식에 참석했을 때 주위를 둘러보니 낯익은 얼굴들이 많았다. 이름만 대도 알 수 있는 유명한 기업체의 회장에서부터 얼굴만 봐도 알아볼 수 있는 유명 연예인까지. 나는 그들과 함께 수업을 듣고 댄스 수업에서 파트너로 함께 춤을 추다 보니 정말 금세 친밀감이 생겼다.

이런 과정에서 사람들을 만나면 보다 인간적인 관계로 발전하는 경우도 많다. 비즈니스 목적으로 가진 만남에는 한계가 있기 마련인데, 수업 때문에 자주 얼굴을 보면서 서로의 관심사를 공유하게 되니 친밀한 관계로 발전하기 수월하다. 이처럼 최고경영자과정은 지식과 배움에 대한 갈증을 해소하면서 나와 같은 취미를 공유하는 사람, 더 나아가 황금 인맥을 만날 수 있는 곳이다.

최고경영자과정 중 '현대미술 최고위과정'은 홍익대의 미술대학원에서 운영하는 과정이다. 현대미술에 대한 소양을 향상시키고 사회 지도층 인사들 간의 인적 네트워크를 만들길 원하는 CEO들이 참여하고 싶어 하는 과정이기도 하다.

'한국예술종합학교 최고경영자 문화예술과정'도 인기가 많다.

이곳의 특이한 점은 현직에 있는 사람도 더러 있지만 은퇴한 리더나 앞으로 퇴직을 앞둔 대기업 임직원들이 많다는 점이다. 그동안 일하느라 미뤄뒀던 예술적 감성을 이제는 천천히 펼쳐보고픈 마음이 아닐까.

각 분야에서 성공한 사람들이 모이니 대화가 잘 통하고 취미를 함께하고 공유하며 각별한 사이가 된다. 자연스레 사석에서 만나고, 함께 프로젝트를 진행하거나 비즈니스를 성사시키기도 하며, 후원회를 만들기도 한다.

수업을 개설하는 학교도 학생들을 통해 얻는 이득이 크다. 한 명당 수업료가 1년에 평균 천만 원이라고 가정했을 때, 100명만 들어도 10억 원이니 말이다. 사회적으로 성공한 이들이니 통 크게 장학금을 기부하는 경우도 많다. 부자들 입장에서는 배움의 장이자 만남과 사교의 장이 되고, 학교 입장에서는 수익 창출에 도움이 되니 그야말로 서로에게 윈윈(Win-Win)인 것이다.

콘텐츠가 탄탄한 과정을 찾아라

◆◆◆

최고경영자과정이 개설된 지 얼마 되지 않았을 때에는 폭발적인 인기를 끌었다. 수강 인원이 너무 많아 대기 상태로 기다려야 하는 경우도 많았고, 회사에서는 임원의 복지 차원으로 수업을 이수하게 할 정도였다. 하지만 최근에는 상위 대학의 유명 강의 몇 개 외에는 수강 인원이 반도 차지 않아 어려움을 겪고 있다고 한다. 코로나19 사태를 겪으면서 상황은 더 나빠졌다.

이전에는 수업보다 인적 네트워크를 형성하기 위해 최고경영자과정에 오는 사람들이 많았다. 하지만 요즘은 정말 '나에게 도움이 되는 수업'을 들으려는 사람들이 많아졌다. 한때 베트남 최고경영자과정이 유행했던 것처럼, 트렌드에 맞춘 새로운 수업이 개설될 필요가 있다.

그런 점에서 볼 때, 숙명여대에서 진행했던 '미식문화 최고경영자과정'은 미식문화란 콘셉트로 만들어진 특이한 과정이다. 한 학기 과정인데, 일주일에 한 번씩 유명 레스토랑에 방문한다. 미슐랭 별점을 받은 유명 음식점이나 한국 전통 음식점, 또는 앞으로 미래가 유망한 음식점을 함께 방문해서 맛있는 음식을 먹고, 쉐프에게 직접 음식에 관련한 이야기도 들을 수 있는 교양 수업이다. 그리고 개설된 지 벌써 10년이 다 되어가지만 '서울대 웰에이징·시니어산업 최고위과정'도 인구고령화에 따른 신사업과 초고령화 사회에 대비한 수업으로 눈길을 끈다.

한때 인문학이 열풍일 때, 서울대 '인문학 최고지도자과정'이 함께 인기를 끌었었다. 인문학 관련 최고위과정 중에서는 성공회대학교에서 진행하고 있는 최고경영자 인문학 과정이 유명하다. 이 과정에는 정·재계 유명 지도자들이 모였다. 문재인 전 대통령 대변인이었던 고민정 전 아나운서가 여기에서 인문학 공부를 했고, 국민의당 국회의원인 김은혜 의원도 이 과정을 밟았다.

앞으로는 평범한 수업보다는 이처럼 깊이 있는 수업, 미래를 내다볼 수 있는 수업이 시선을 끌 것이다. 그리고 새롭고 독특한 수업이 많이 만들어지면 좋겠다는 바람이 있다. 이런 과정을 많이 다녀본 분들은 "더 이상 갈 곳이 없다"라는 이야기를 많이 한다. 콘텐츠를 탄탄하게 갖춘 특별한 최고과정만이 앞으로 VIP들을 끌어들일 수 있다. 부자를 상대로 하는 마케터라면 여러 대학의 최고경영자과정들을 분석해 어떤 수업이 VIP들이 많이 모일 만한 곳인지 가늠해 보고 직접 수업을 들어보는 것을 추천한다.

빅리치가 나를
찾아오게 하라

컬래버 마케팅을 하는 이유

♦♦♦

방배동의 100평짜리 고급 빌라를 판매할 때의 일이다. 홍보를 시작해야 하는 시점이었는데, 고가 주택을 살 수 있는 부자들을 어떻게 불러 모을지 그 방법이 고민이었다. 보석이든 자동차든 고관여 상품을 판매하기 위해서는 그 정도의 돈을 쓸 수 있는 고객들이 와줘야 한다. 하지만 그런 사람, 즉 빅리치를 초대할 때 어떻게 해야 오게 만들 수 있을까?

마케팅의 기본은 고객의 흥미를 유발하는 것인데, 이때 중요한 것 중의 하나는 '고객을 부담스럽게 하지 않는 것'이다. 고가 주택을 팔아야 한다고 해서, 사람들을 초청할 때 '집 사세요!'라고 하면 부담스러워 오고 싶어 하지 않는다. 모든 고관여 상품을 판매할 때는 고객의 부담감을 없애야 한다. 이때 아주 유용한 방법이 '컬래버 마케팅(Collaborative Marketing)'이다.

컬래버 마케팅은 '컬래버레이션(Collaboration)'과 '마케팅(Marketing)'이 합쳐진 단어로, 2개의 브랜드가 서로 협업해 새로운 제품을 만들고 함께 판매하는 마케팅이다. 제휴 마케팅, 협업 마케팅이라고도 한다. 컬래버 마케팅을 통해 상대 브랜드의 소비자를 끌어올 수 있다는 장점이 있다. 이색 컬래버의 대명사로는 밀가루 제조업체인 곰표의 컬래버 마케팅이 유명하다. 곰표는 의류, 과자, 치약, 화장품 등 다양한 제품과 컬래버 마케팅을 벌여 제2의 전성기를 맞았다.

두 브랜드가 만나 새로운 제품을 만드는 것뿐만 아니라 타깃 수요층이 겹치는 다른 제품과 함께 판매하는 컬래버 마케팅도 있다. 소위 '나는 이 상품을 사러 온 게 아니야'의 컬래버 마케팅이다. 예를 들어 서점에 빵과 커피를 파는 카페가 입점해 있다. 고객은 책을 사러 서점에 갔지만 바로 옆에서 고소한 빵 냄새가 나면 자연스레 가서 빵을 고르고 커피도 한 잔 시켜 마실 수 있다. 반대로, 커피를 마시러 카페에 갔는데 옆에 서점이 있다면 커피를 마시면서 책도 볼 수 있다. 이때 책과 커피로 서로 간의 관심을 유도해 수익을 올릴 수 있다.

자동차가 전시되어 있는 카페도 있다. 이곳에서 사람들은 커피를 마시면서 전시되어 있는 자동차를 본다. 커피를 마시러 왔지만 마침 곧 차를 구입할 예정이었다면 전시된 멋진 차에 관심이 갈 것이다. 반대로 차를 구입하러 와서는 이것저것 구경하면서 바로 옆에서 커피를 한 잔 시켜 마실 수도 있다. 이 같은 방식이 소위 '이것을 사러 온 것이 아닌데, 다른 것까지 구매'하게 되는 컬래버 마케팅인 것이다.

그렇다면 고관여 상품인 고급 빌라는 어떤 컬래버 마케팅이 효과적일까? 어떻게 해야 고객의 흥미를 유발하면서 자연스레 집 구경을 할 수 있도록 유도할 수 있을까? 나는 마치 갤러리처럼 거실에 고가의 미술품들을 전시하고 갤러리 고객들을 초대하듯 고급 빌라의 잠재 고객들을 초대했다. 그리고 다음 3가지 테마의 프로그램을 기획했다.

첫 번째 테마, 골동품

◆◆◆

오래된 물건이지만 가치를 지니는 물건을 '골동품'이라고 한다. 나는 이러한 골동품의 전시를 테마로 기획하면서 단순히 '골동품 전시회'가 아니라 '가짜 골동품 골라내는 법'이라는 이름을 붙였다. 그리고 KBS 프로그램 〈진품명품〉의 전문 감정인인 진동만 선생님을 초청해 가짜 골동품 구별하는 방법을 강연해달라고 부탁했다.

　일반인이 골동품을 단지 취미로 모으는 경우는 별로 없다. 대개 부자들이 부를 축적하는 수단으로 골동품과 미술품을 모으는 경우가 많다. 그렇기에 가짜 골동품을 골라내는 테마에 많은 부자들(고급 빌라를 구매할 여력이 되는 잠재 고객들)이 많은 관심을 보였다. 본인이 소유하고 있는 비싼 골동품이 가짜일 수도 있다는 생각 때문에 강연 내내 사람들의 질문이 끊이지 않았다. 이 프로그램은 '가짜 골동품 구별하는 법'을 통해 자신의 골동품이 혹시 진품이 아닐까 봐 걱정하는 부자들의 심리를 자극했기 때문에 굉장한 호응을 얻을 수 있었다.

두 번째 테마, 미술품

◆◆◆

　두 번째 강사로는 전(前) 국립현대미술관 관장님을 강사로 초청했다. 미술품은 골동품과 비슷한 이유로 부자들 사이에서 관심도가 높은 데다 초청한 관장님은 미술 강연계의 스타 강사였다. 특히 강남 사모님들 사이에서 인기가 대단했다. 국립현대미술관 관장의 경력으로 수준 높은 강연을 하는데 외모도 준수하고 말도 재미있게 하니 인기가 많을 수밖에 없었다. 전시회를 찾은 부자 고객들은 전문적인 지식을 바탕으로 하는, 미술품에 대한 유쾌한 강연에 매우 만족스러워했다.

세 번째 테마, 보이차

◆◆◆

손님을 초청하는 자리에서 보통 빠지지 않는 것이 와인이다. 그렇게 너도나도 와인 파티를 하다 보니 요즘 와인 파티는 흔하다는 인식이 생겼다. 그래서 나는 조금 더 차별화를 주고자 '보이차' 파티를 준비했다. 보이차는 중국 운남성에서 생산되는 차로 맛과 향이 좋고 약효가 뛰어난 고급차에 속한다. 좋은 보이차일수록 워낙 고가다 보니 짝퉁이 판을 쳐 진짜 좋은 보이차를 마시기 쉽지 않다. 그래서 고객들에게 보이차를 대접하면서 진짜와 가짜를 구별하는 방법에 대한 강의도 함께 준비했다. 진짜와 가짜를 마셔보게 해서 구별법도 알려주고 몸에 좋은 차를 마실 기회를 제공함으로써 초대에 응해준 것에 대한 감사를 표했다.

이처럼 야심 차게 3가지 프로그램을 준비해 고객들을 초청한 행사였다. 그런데 2시에 시작하는 행사에 1시 30분이 될 때까지도 아무도 나타나지 않았다. 최소 30명 정도는 올 것이라고 예상했는데, 이러다 행사를 망치는 게 아닌가 싶어 초조해졌다. 1시 40분쯤 되자 겨우 두 명이 행사장에 도착했다. 행사 준비에

만 몇천만 원을 들였는데, 정말 큰일 났다는 생각이 들었다. 지금도 그때만 생각하면 진땀이 난다.

놀랍게도 1시 50분부터 고급차들이 한 대씩 들어오기 시작했다. 하나둘 들어온 차량은 어느새 주차장을 가득 채웠다. 건설사 직원은 주차장에 강남의 고급 수입차들이 종류별로 다 모인 것 같다고 했다. 30명만 와도 성공이라고 생각했던 나의 예상과 달리, 3배 가까이 되는 고객들이 방문했고 행사의 분위기 역시 생각보다 더 성공적이었다. 홍보 목적으로 연 행사였지만 그 자리에서 가계약을 진행하고 싶다는 고객도 더러 있었다. 행사는 그렇게 성황리에 마무리되었다.

행사를 기획해서 고객을 초청하는 일은 정말로 쉽지 않다. 기획 단계에서 가장 신경 써야 하는 부분은 '고객'이다. 어떤 고객층을 타깃으로 하는지, 그 타깃층은 어떤 분야에 관심을 가지는지를 연구해야 한다. 부자들을 상대로 마케팅하는 사람들은, 특히 고가의 제품을 마케팅하려고 한다면 부자들이 어떤 것에 관심을 가지고 있는지에 늘 안테나를 세우고 있어야 한다. 그리고 그들의 욕구에 부합하는 마케팅을 기획해야 한다. 미술품에 관심이 있는 부자들을 타깃으로 갤러리 주택 판매 행사를 기획한 것처럼 말이다.

예술품에 관심을 갖자

방배동 프로젝트를 진행하면서, 우리나라에서 가장 큰 규모를 자랑하는 '서울옥션'이라는 미술품 경매회사의 한 큐레이터를 알게 되었다. 당시 큐레이터가 9천만 원에 나온 그림이 있다며 저렴할 때 사라고 내게 권유했다. 조금 더 있으면 가격이 오를 것이라면서 말이다. 당시는 별 관심이 없어 거절했는데, 내가 거절했던 그 그림이 지금은 20억 원이 넘는다. 그때 예술품을 미처 몰라본 아픔을 발판 삼아 예술품에 관심을 갖고 가치가 있는 작품을 알아보다 신용복 교수의 '처음처럼' 서예 원본을 경매로 구매했다. 우리가 자주 마시는 소주 '처음처럼' 글씨체의 원본이다. 다문화가정 돕기 경매에 나온 작품이었는데, 조금 더 시간이 지나면 가치가 더 오르지 않을까 내심 기대해본다.

부자들은 이미 미술품을 재산 증식의 수단뿐만 아니라 절세 수단으로도 이용하고 있다. 예를 들어 아들에게 100억 원을 주려면 내야 하는 증여세가 굉장히 많다. 하지만 미술품을 물려주면 세금 문제에서 훨씬 자유롭다. 미술품은 취등록세가 없고 보유세도 없기 때문이다. 생존 작가 작품의 경우 양도세도 없다.

부자와 가슴을
부딪쳐라

고객과 교감하라

◆◆◆

옛 속담에 '열매 될 꽃은 첫 삼월부터 안다'는 말이 있다. 잘될 일은 처음부터 그 기미가 좋다는 뜻이다. 이를 다르게 해석하면 처음이 일의 흥망을 결정지을 정도로 중요한 역할을 한다는 의미가 되기도 한다. 한 연구 결과에 따르면, 첫인상은 약 5초 안에 결정된다고 한다. 그 첫인상을 바꾸기 위해서는 평균적으로 약 10번은 더 만나야 한다고 한다. 연애에서도 첫 만남이 좋아야 다음으로 이어질지 아닐지 결정되는데, 하물며 비즈니스에서 첫 만남의 중요성은 아무리 강조해도 지나치지 않다.

신한은행 PB를 대상으로 했던 강연에서 나는 '가슴과 가슴을 부딪히자'라는 메시지를 전했다. 비유법이 아니라 정말 말 그대로 포옹을 하라는 이야기다. 특히 처음 만나는 고객과는 꼭 포옹을 하라고 했다. 그랬더니 강연장은 당황함이 섞인 웃음으로 웅성거렸다.

가슴을 부딪치는 사람끼리는 정이 들기 마련이다. 부자들은 찔러도 피 한 방울 안 나오는 '기계'가 아니라 '사람'이다. 심장이 있고, 손이 있고, 따스한 말 한마디에 반응하고, 웃기면 웃고, 가슴을 부딪치면 친근감을 느끼기 마련이다.

영화 〈아바타〉를 보면, 주인공 제이크가 거대한 새 아크란과 교감을 나누기 위해 꼬리와 긴 머리칼을 연결하는 장면이 나온다. 나비족이 교감을 위해 머리칼을 연결하듯 인간은 포옹을 통해 교감할 수 있다.

외국에선 포옹이 일반적인 행동이지만 우리나라 문화에서는 첫 만남에서 포옹하기가 참 어렵다. 실제로는 처음 만났을 때는 친절하게 인사하는 정도만으로도 충분하다. 하지만 상담이나 미팅이 끝날 때 즈음에는 정말 포옹할 수 있는 사이가 되어야 한다.

자연스럽게 포옹하는 사이가 되려면 어떻게 해야 할까? 쉬운 방법이 있다. 그것은 바로 고객을 '웃게' 만드는 것이다.

고객을 세 번 웃겨라

◆ ◆ ◆

은행의 경우 고객을 유치하기 위해 금리 싸움을 한다. 물론 고객의 입장에서 금리는 상당히 중요한 부분이지만, 무한정 올릴 수 없는 금리 혜택만으로 고객을 사로잡는 데에는 한계가 있다. 그렇다면 어떻게 고객의 마음, 특히 부자들의 마음을 사로잡을 수 있을까? 바로 '서비스'로 고객을 만족시켜야 한다. 서비스 중 최고의 서비스는 고객을 웃게 만드는 것이다. 고객의 마음을 열려면, 마음에 들려면, 마음을 얻으려면, 먼저 고객의 미소부터 얻어야 한다.

웃음의 효과는 확실하다. '웃는 낯에 침 못 뱉는다'라는 속담이 괜히 나온 것이 아니다. 웃는다는 것은 달리 말하면 고객이 편안한 마음 상태가 되었다는 말이고, 고객의 마음이 움직인다는 것이다. 어떤 이야기로든 고객의 마음의 경계를 허물어야 한다. 그러기 위해서는 고객과의 자리가 끝날 때까지 '적어도 세 번은' 웃겨야 한다.

정 웃기는 재주가 없고 자신이 없어 안 되겠다 싶으면, 개그맨처럼 일부러 재미있게 넘어지는 것도 좋은 방법이다. 한 번에 웃길 수 있는 비결이라고나 할까. 하지만 이 방법을 자주 사용해서는 안 된다. 식상해져서 전혀 웃지 않게 된다.

키가 크고 굵은 얼굴선의 인상이 강한 모 기업의 회장님을 처음 만난 적이 있다. 딱 봐도 만만치 않은 포스가 느껴졌고 현장의 분위기도 무거웠다. 첫 만남에서 분위기를 주도하지 않으면 다음 일이 쉽지 않을 것 같았다. 그래서 "회장님, 생각보다 얼굴이 컨츄리하시네요"라고 우스갯소리를 했다. 그러자 옆에 있던 사장님이 인상을 쓰며 "이 사람이!"라며 목소리를 높였다. 그런데 회장님은 나를 슬쩍 보더니 "당신이 얼굴 이야기할 건 아닌 것 같은데"라며 웃으셨고, 덕분에 편안한 분위기가 만들어졌다.

어색하고 어려운 상대일수록 이처럼 말도 안 되는 농담을 던져보자. 그러면 상대가 어떤 성격인지, 이 회사 분위기는 어떤지, 앞으로 일을 어떻게 진행해야 하는지가 보일 것이다. 다가가기 어려운 분위기를 풍기는 사람이 오히려 편하게 다가오는 상대에게 쉽게 마음을 연다.

"회장님, 한번 안아봐도 될까요?"

◆ ◆ ◆

나는 고객들을 '정말 친해지고 싶은 사람'이라고 생각한다. 실제로 많은 부자들을 만나면서 이들이 귀엽다고 생각될 때가 많았다. 물론 그만큼의 부를 이루기까지 야심 차게 목표와 전략을 세우고, 여러 가지 욕망들을 포기하고, 어려운 일들을 감내하며 살아온 분들이어서 풍기는 아우라가 대단하다. 하지만 한편으로는 사소한 정성에 감동하고 실없는 농담에 마음이 풀어지는 등 유연하고 부드러운 사람들이 많다.

나는 고객과의 미팅이 끝난 후에 되도록 포옹을 시도한다. 진정성 있는 포옹은 상대방이 가지고 있는 마음의 벽을 단숨에 허물어뜨리는 도구가 된다. 포옹을 할 때는 '옥시토신'이라는 호르몬이 나오는데, 이 호르몬은 일명 '사랑의 호르몬'이라고 불린다. 미국에서 들쥐를 대상으로 한 연구 결과에 따르면, 형제자매와 분리된 들쥐들에게 옥시토신을 주입했더니 불안, 스트레스, 우울증의 증상이 약해졌다고 한다. 즉, 옥시토신은 스트레스가 많은 상황에서 명백한 효과를 발휘하는 것이다.

포옹을 하면 편안함을 느낄 때 분비되는 세르토닌 수치도 높아진다. 신체적 및 정서적인 불편함을 해소하는 호르몬들의 수치가 높아지면서 무의식적으로 남아 있던 경계가 포옹으로 허물어질 수 있는 것이다.

현대인들은 많은 스트레스를 안고 살아간다. 특히 부자들은 더 예민한 경우가 많다. 자산을 증식하기 위해서 다른 사람들보다 더 깊게 보고 더 깊게 생각하고 더 많은 리스크를 짊어지기 때문이다. 그런데 어떤 약물도 아닌, 돈이 많이 드는 것도 아닌, 포옹 한 번으로 스트레스와 우울감을 감소시키는 '사랑의 호르몬' 옥시토신을 분비시킬 수 있다니. 이처럼 손쉽게 사람끼리 벽을 허물고 호감을 이끌어내는 방법은 또 없을 것이다. 물론 원하지 않는 포옹은 옥시토신이 나오긴커녕 불쾌한 감정만 심어주니 무작정 다가가지 말고 진정성 있게 해야 한다.

언젠가 나는 어떤 회장님과 미팅을 끝내고 이렇게 물은 적이 있었다.

"회장님, 한번 안아봐도 되겠습니까?"

"에이, 이 사람이 미쳤네!"

대개 사람들은 이 회장님처럼 어색해하고 민망해하긴 하지만, 단 한 명도 '이게 뭐하는 짓이야?'라며 기분 나빠하거나 밀어낸 사람은 없었다. 사실 스킨십 자체가 의미 있다기보다는, 그 정도로 친밀한 관계로 발전할 수 있어야 한다는 것이다. 꼭 포옹으로 이어지지 않더라도 고객은 이런 일반적이지 않은 상황에서 한 번 더 웃게 될 수도 있다. 코로나19 사태로 인해 포옹은커녕 악수조차 편하게 할 수 없게 되어 매우 안타깝다. 얼른 코로나19 사태가 종식되어 포옹이 가져다주는 여러 놀라운 효과를 전하고 싶다.

부자에게
점심을 사라

한 끼에 50억 원이 넘는 식사?

◆◆◆

일본에서 관련 분야 베스트셀러로 유명했던 책이 하나 있다. 혼다 켄의 《부자가 되려면 부자에게 점심을 사라》(홍찬선 역, 더난 출판사, 2004)는 책이다. 이 책은 부자들의 돈 관리법이나 투자법에 관한 책이 아니라 그들의 사고방식이나 인생을 바라보는 자세, 인간 관계를 다룬 책이다. 도움이 되는 내용들이 많으니 한 번쯤 읽어보면 좋다.

《부자가 되려면 부자에게 점심을 사라》는 점심을 대접하면서도 부자의 마인드와 사고방식을 배우라는 이야기다. 실제로 돈을 내면 세계적인 갑부와 점심을 먹을 수 있는 기회를 제공하는 상품도 있다. 바로 2019년 경매 플랫폼 이베이에서 이뤄진 가장 비싼 판매품은 '워런 버핏과의 점심'이었다.

투자의 귀재 워런 버핏은 2000년부터 매년 자신과 점심 식사를 하면서 질문을 할 수 있는 참가권을 경매에 붙여왔다. 낙찰자는 맨해튼 식당에서 버핏과 함께 식사를 하며 질문을 하고 수익금은 빈민구제단체에 기부된다.

2019년 점심 식사 참가권은 456만 788달러였다. 우리 돈으로 약 54억 원가량이다. 한 끼 점심값이라고는 도저히 상상할 수 없는 금액이다. 2022년 올해 워런 버핏과의 점심식사 경매는 무려 약 1천9백만 달러(한화 약 246억 원)이었다. 마지막 경매라는 프리미엄이 더한 것으로 보인다.

여기서 내가 말하고 싶은 점은, 책 제목 그대로 '부자들에게 점심을 사라'는 것이다. 수십억 원짜리 점심을 대접하라는 말이 아니다. 그럴 수도 없거니와 그럴 필요도 없다.

그럼 어떤 점심을 사야 할까? 1인분에 수십만 원 하는 고급 레스토랑의 비싼 스테이크? 고가의 와인? 부자에게 점심을 대접한다면 적어도 이 정도는 되어야 할 것이라는 생각을 많이 한다. VIP 마케터들이 흔히 저지르는 실수다.

만 원의 점심이면 충분하다

◆◆◆

일단 너무 비싼 음식은 오히려 안 된다. 상대가 일말의 부담감이라도 느끼면 안 되기 때문이다. 고객의 입장이 되어 생각해보라. 비즈니스로 만난 파트너가 고급스러운 레스토랑으로 데려가 50만 원은 족히 넘어가는 비싼 점심을 샀다면, 기분이야 당연히 좋을 수 있겠지만 마음 한편으로는 응당 나 역시 그 대접에 걸맞은 보답을 해야 한다는 부담감이 생기지 않겠는가? 특히 빅리치들은 이러한 부담감을 정말 싫어한다.

나의 경우에는 만 원이 넘지 않는 점심을 대접하곤 했다. '설마?'라고 생각하는 사람이 많을 것이다. 부자에게 점심을 살 때 가장 중요한 것은 '맛있고 저렴한' 음식을 대접해야 한다는 것이다. 부담이 되지 않으면서 맛있기까지 한 음식이라면 기분이 좋은 것은 물론이요, 나아가 마음까지 녹일 수 있는 무기가 되기도 한다.

일례로 전 모 대기업 CEO를 동태찌개 맛집에 데려간 적이 있었다. 내 가치관과는 맞지 않게 무려 '만이천 원'이나 들었지만 말이다. 유명한 맛집이라 비좁은 곳에서 다리도 못 펴고 먹어야 해서 미안한 마음이 들기도 했다. 그런데 그분은 식사를 마치곤 너무 맛있는 곳을 알게 되었다고 하면서, 다음에는 부인과 자녀들도 데려와야겠다며 고마워하기까지 했다.

한번은 모 건설 회사 회장님을 청국장 집에 데려간 적도 있었는데, 꼭 이 식사 때문은 아니었겠지만 이후 계약이 무사히 성사되었다. 그 회장님은 나를 만나면 아직까지도 그 청국장집 이야기를 하곤 한다.

다시 한 번 정리하자면, 부자에게 점심을 살 때는 부담스럽지 않은 가격이지만 '맛있는' 음식을 대접해야 한다. 그러니 반드시 근처의 맛집을 미리 알아두기 바란다. 이때 상대가 젊은 부자라면 예약하기 힘든 맛집이 좋고, 40~50대는 특별한 음식이 주요리로 나오는 한정식이 좋다. 일식은 너무 흔하다. 60~70대는 청국장, 된장찌개, 김치찌개 등 속이 편안한 음식이 좋다. 김치찌개의 경우 자주 먹는 돼지고기 김치찌개보다는 멸치 김치찌개처럼 개운한 게 좋다.

이런 것이 비즈니스의 첫걸음이다. 부자에게 점심을 사는 것은 앞서 말한 '세 번 웃겨라'처럼 서로 교감하기 위해 마음의 문을 여는 매우 효과적인 방법이다.

맛집 이야기를 해보자

부자를 만나기로 했다면 만나기로 한 장소 근처의 맛집 한 두개 정도 알아두는 것이 좋다. 차만 마시게 될 수도 있고 식사를 안 하게 될 수도 있지만, 미리 알아둔 맛집에 대한 이야기로 첫 대화를 성공적으로 이끌 수 있다.

"안녕하세요. 저는 ○○○라고 합니다."

"안녕하세요. 처음 뵙겠습니다. 저는 ○○○입니다."

"예, 그러면……."

인사말을 나눈 후에 더 이상 할 말이 없다면 어색한 분위기 속에서 바로 비즈니스 이야기로 들어가야 한다. 자칫하면 대화가 굉장히 경직되고 불편한 흐름으로 이어질 수 있다. 이럴 때 미리 알아둔 맛집에 대한 이야기로 대화를 이어가는 것이 대화를 부드럽게 이끌어갈 수 있는 핵심이다.

"여기 뒤쪽에 정말 맛있는 꽁치김치찌개 집이 하나 있는데, 정말 맛있더라고요. 가격도 굉장히 합리적이에요. 9,500원. 만원도 안 합니다."

이와 같은 음식을 주제로 하면 만난 지 몇 분만에라도 친밀감이 생기고 쉽게 대화가 풀릴 수 있다. 외국인이어도 상관없다. 먹는 것 좋아하는 것은 만국 공통이다.

홍콩, 보석
그리고 휴대폰

건장한 보디가드들에게 압도당하다

◆◆◆

홍콩의 한 보석 회사를 방문한 적이 있다. 홍콩은 뉴욕, 런던과 더불어 전 세계에서 손꼽히는 금융 도시이며 빅리치가 제일 많은 도시 중 하나이기도 하다. 내가 방문한 보석 회사는 영국에 본사를 둔, 세계적으로 유명한 럭셔리 보석 회사였다. 그 보석 회사는 홍콩의 럭셔리 호텔 중에서도 손꼽히는 페닌슐라 호텔에 매장을 운영하고 있었는데, 한국에 자사 보석을 론칭하고 싶어했다. 그래서 이 회사의 아시아 지사장의 초대로 홍콩에 가게 된 것이다.

매장 문을 열고 들어서니 건장한 보디가드 두 명이 서 있었다. 나는 검은 양복을 입은 큰 덩치의 사내들을 보고 멈칫했다. 지사장을 만나러 왔다고 했더니 고객 상담실에 자리를 마련해 줬다. 잠시 후 아시아 지사장과 대면하게 되었다. 세계적인 보석 회사에, 건장한 보디가드들, 게다가 훤칠한 키의 지사장을 보니 왠지 모르게 압도당하는 기분이 들었다.

평소 나는 주변 지인들에게 얼굴은 럭셔리하지 않은데 럭셔리 마케팅을 하는 것이 아이러니라는 말을 농담처럼 듣는다. 그래서였을까. 나는 지사장을 만났을 때 더욱 위축되어 있었다.

어색하고 딱딱한 분위기로 첫 대면이 시작되었다. 처음에 그는 나를 조금 미덥지 않아 하는 듯했다. 그도 그럴 것이, 본인이 직접 선택한 것이 아니라 홍콩에 있는 지인 회사에서 나를 소개해줬기 때문이다. 정말 한국의 VIP를 대상으로 마케팅을 하는 사람인가 하는 의심도 들었을 것이다. 나에 대한 확신이 없는 것은 어찌 보면 당연했다.

비즈니스로 사람을 만나게 되면 이런 경우를 종종 겪곤 한다. 서로에 대해서 잘 몰라서 경계를 하게 되는데, 그때 작은 실수라도 하면 관계가 어색해질 수 있고 비즈니스가 잘 이루어지지 않을 수도 있다. 지금부터 내가 들려주는 사례는 이런 경우에 도움이 될 수 있다.

100억짜리 보석 반지를 껴보다

◆◆◆

어찌 되었든 대화는 시작되었고, 서로 보석에 대한 이야기를 나눴다. 지사장은 가장 비싼 보석이라며 웬 반지를 하나 보여줬는데, 한화로 약 100억 원 정도의 가치가 있다고 했다. 내가 또 언제 이런 비싼 보석을 만져보겠는가 싶어 한번 껴봐도 되냐고 물어보고 반지에 손을 대는 순간, 주변에 서 있던 보디가드 둘이 눈 깜짝할 사이에 내 곁으로 다가오더니 한 명은 내 손을, 다른 한 명은 보석을 지켜보았다. 만약 내가 사기꾼이라면 똑같이 생긴 모조품으로 바꿔치기를 할 수도 있으니 말이다.

나는 몹시 당황했지만 다시 한번 양해를 구한 후에 반지를 껴봤다. 빛이 정말 영롱했다. 보석을 바라보고 있는데 계속해서 보고 싶은 생각이 들었고 어디론가 빨려 들어가는 기분이었다. 이래서 다들 보석을 사는 것인가라는 생각이 들었다. 반지를 원래 위치에 돌려놓았더니 그제야 보디가드들이 뒤로 물러났다.

이어서 대화를 주고받는데 지사장이 중간중간 나를 시험하고 있다는 생각이 들었다. 나중에 알게 된 것이지만, 그 사람은 마음속으로 이런 생각을 했다고 한다. '이 사람이 진짜라는 생각이 들면 함께 저녁을 먹고, 진짜가 아니라는 판단이 들면 그대로 보낼 것이다.'

그가 나에게 질문을 했다.

"당신이 한국의 다이아몬드 회사와 일을 해봤다고 했는데, 그게 어떤 일이었나요?"

나는 VIP 고객 20여 명을 대상으로 진행했던 보석쇼를 설명했다. 성북동 고급 저택에서 리치 고객들을 대상으로 벤츠 자동차, 다이아몬드, 성북동 고급 주택을 컬래버한 마케팅 이벤트였다. 보석쇼가 끝나고 고객 두 분이 바로 다이아몬드를 구매했고, 벤츠 자동차도 그 자리에서 팔렸다고 이야기했다.

그 이야기를 하자 무표정에 가까웠던 그의 표정이 조금은 흥미롭다는 표정으로 바뀌었다. 하지만 여전히 그의 표정에는 불신이 깔려 있었다. 그는 두 번째 질문을 던졌다.

"아, 그러세요? 고객들이 보석에 많은 관심을 갖던가요?"

나는 보석쇼를 진행하면서 느낀 점을 이야기했다.

"보석쇼를 진행하면서 굉장히 흥미로운 점을 발견했습니다. 러시아 모델들이 손에 잡힐 만큼 가까운 곳에서 고객 사이를 돌았는데, 여자들은 목걸이를 먼저 보고, 그 다음에 반지를 유심히 쳐다보더군요. 다들 목걸이를 먼저 보는 게 신기했어요. 그런데 남자들은 또 달랐습니다."

"남자들은 뭐가 달랐습니까?"

눈을 반짝이면서 지사장이 물었다. 이어지는 나의 대답에 통역사가 그만 터져나오는 웃음을 참지 못했다. 지사장은 궁금해 죽겠다는 표정이었다. 통역사가 말했다.

"남자들은 보석은 전혀 쳐다보지 않고 여자 모델들만 보더라구요."

그러자 지사장도 공감하는 듯 크게 웃으며 말했다.

"나도 수많은 보석쇼를 했지만, 그건 전 세계 공통이더군요. 남자들은 보석을 보지 않고 모델들을 보죠."

말을 마친 후에 그는 다시 한번 크게 웃었다. 그제야 그의 두 눈 가득 서려 있었던 의심이 걷혔다. 지사장은 내게 저녁 식사를 함께하자고 제안했다.

더는 못 먹겠다는데 왜 자꾸 더 시킬까

◆◆◆

그와 함께 호텔 내 중국 레스토랑에서 저녁 식사를 하게 되었고, 아주 비싼 와인을 한 병 비워낸 후에 맥주를 마시고 있던 때였다. 즐겁게 담소를 나누면서 그는 여러 가지 궁금한 것을 물어왔고 나는 성심성의껏 대답했다.

우리나라 정서상 대접받은 음식을 남기는 것은 실례여서 나와 통역사는 좀 많은 양이지만 열심히 먹었고, 거의 다 먹어가고 있었다.

그 모습을 본 지사장이 "음식이 괜찮으신가요? 뭐 좀 더 시킬까요?"라고 하더니 웨이터를 불러 추가 주문을 했다. 다시 즐겁게 대화가 오갔다. 그는 한국의 보석 시장은 현재 어떤지 마케팅을 어떻게 하면 좋을지 물었고, 나는 이렇게 대답했다.

"사실 이 보석이 한국에 알려져 있지 않아 론칭하는 데 많은 어려움이 있을 것 같아요. 게다가 한국 사람들은 잘 믿지 않는 경향이 있습니다. 이 보석의 가치를 인정받으려면 고객에게 먼저 신뢰를 줘야 한다고 생각합니다. 론칭 파티를 일반 호텔 같은 곳에서 하지 말고, 영국 대사관 관저에서 진행하는 것이 어떻습니까?"

나의 대답에 흡족했는지 그도 당연히 그렇게 하려고 했다며, 내가 제대로 된 마케터라고 판단하는 듯했다. 그렇게 대화는 무르익어갔고, 그는 점점 더 나를 신뢰하기 시작했다. 그는 지금까지 시켰던 것보다 더 많은 양의 음식을 또다시 주문했다. 테이블에 다 놓을 수 없는 지경까지 이르렀다. 이제 나는 아무리 맛있는 음식이라도 더는 못 먹겠다는 생각이 들었다.

"지사장님. 정말 더는 못 먹겠어요. 그만 시키세요."

그러자 그는 음식 말고 와인을 더 시켰다. 나는 기분이 슬슬 나빠지기 시작했다. '아니, 배가 부르다고 계속 이야기하는데도 자꾸 음식을 시키는 건 돈 자랑인가?' '내 말을 듣지 않는 것인가?' '예의상 계속 먹고는 있지만 대체 뭐하자는 것인가?' 입 밖으로 꺼내지는 않았지만 이런 생각이 계속 머릿속에 맴돌았다.

와인을 새로 따서 다시 건배를 했고, 다음 미팅 약속을 잡았다. 그때는 조금 더 구체적인 사안을 이야기하겠다고 했다. 이제 정말 그만 자리에서 일어나는 줄 알았는데 그가 웨이터를 또 부르더니 오리 요리를 2개나 더 시키는 것이었다. 슬쩍 화가 났다. 그런 마음에 표정에도 드러났는지 그가 더 이상 먹지 못하겠냐고 물어왔다. 그렇다고 말했더니 포장을 해주겠다고 했다. 종업원이 음식을 정말 고급스러운 상자에 포장을 해서 가져다줬다. 으레 해왔던 것처럼 완벽한 포장이었다. 상자와 포장지마저도 고급스러웠다.

홍콩에서는 식사 대접을 할 때 음식이 모자라면 안 되고 남은 음식을 포장까지 해줘야 대접을 했다고 생각한다고 한다. 내가 홍콩 문화를 잘 몰랐던 것이리라.

미팅에 집중하라

◆ ◆ ◆

자리를 마무리하며, 오늘 미팅이 어땠는지 그에게 물었다.

"정말 유익하고 좋은 미팅이었어요. 당신이 이 분야의 전문가라는 생각이 들고 신뢰가 갑니다."

왜 그런 생각이 들었는지 궁금했다. 그러자 그는 이렇게 대답했다.

"당신은 우리와 이야기하는 동안 단 한 번도 휴대폰을 보지 않았어요. 중간에 뭔가 확인하고 싶었던 것도 있었을 것이고, 보통 통역하는 동안 시간이 걸리기 때문에 시간이라도 한번 확인하려고 했을 수도 있는데, 당신은 그것조차 하지 않고 제 이야기에 집중했어요. 수많은 미팅을 해봤지만 몇 시간 동안 당신처럼 단 한 번도 휴대폰을 보지 않은 사람은 당신이 처음이네요. 그것 하나만으로도 나는 당신에게 신뢰감을 느꼈어요."

그는 나의 경험이나 말보다는 내가 휴대폰을 들여다보지 않은 것에 더 신뢰감을 느꼈다고 말한 것이다. 나는 마케터들이 이런 점을 꼭 알았으면 좋겠다. 미팅 때 휴대폰을 보지 않는 것이 중요하다. 특히 외국 사람과 미팅을 할 때는 더더욱 그렇다. 휴대폰을 보는 것은 굉장히 실례되는 행동일 수 있다.

나는 후배 마케터들에게 비즈니스 미팅을 하러 갈 때 시계를 반드시 찰 것을 조언한다. 어쩔 수 없이 시간을 확인해야 할 때를 위한 것이다. 휴대폰으로 시간을 확인하면 이야기에 집중을 못하고 있는 것으로 보일 수 있다. 중요한 미팅이 있는 자리에는 시계를 차고 나가는 것이 미팅에 대한 예의를 지키는 방법임을 기억하기 바란다.

부자를 만나는
가장 쉬운 방법

부자들과 목욕하기

◆◆◆

"어디를 가면 부자들을 만날 수 있나요?"

강의를 할 때 종종 듣는 질문이다.

"그들이 저를 만나주긴 할까요? 일단 만나야 부자에게 점심을 사든 뭐든 할 것 아닌가요?"

이런 고민을 갖고 있는 마케터들을 위해 어디로 가야 부자들을 만날 수 있는지 그 방법을 소개하려고 한다.

부자들을 만나려면 당연히 그들이 있는 장소로 가야 한다. 그들을 자연스럽게 만날 수 있는 곳이 어디일까? 투자 설명회? 사교 모임? 물론 투자 설명회도 나쁘지 않은 선택지가 되겠지만 강연을 함께 듣는 것만으로 많이 친해지기는 힘들뿐더러, 애초에 강연장에서 부자를 만날 수 있는 기회 자체가 자주 오지 않는다. 사교 모임? 애초에 부자들과의 사교 모임을 다닐 수 있는 사람이라면 이런 고민 자체를 하지 않을 것이다. 내가 추천하는 아주 간단한 방법이 있다. 그들과 '목욕'을 하자.

목욕탕의 큰 욕조에 들어가면 몸이 둥실 뜨면서 기분이 절로 좋아지고 마음이 안정된다. 정신적인 피로나 스트레스를 풀기에 이만한 것이 없다. 그리고 부자들의 공통점 중 하나는 바로 '자기관리'가 굉장히 철저하다는 것이다. 자기계발에 상당한 시간을 쏟으며 건강과 미용에도 관심이 많다. 그래서인지 실제로 사우나를 즐겨 다니는 부자들도 꽤 많이 봤는데, 목욕의 효능을 잘 알고 있어서 그런 듯하다.

〈헬스조선〉 기사에 따르면 목욕은 자율신경계에 영향을 준다고 한다. 목욕을 할 때 교감신경은 억제되고 부교감신경이 활성화되면서 긴장 상태에 있던 몸이 휴식 모드로 전환된다. 피부 미용과 불면증 해소에도 도움이 된다. 사람들은 목욕을 하면서 생각을 정리하고 자기 자신을 온전히 느끼는 시간을 가질 수 있다고 말한다.

살면서 스트레스를 받지 않는 사람은 없을 것이다. 부자도 마찬가지다. 우리가 생각하는 '부자'를 떠올려보자. 큰 기업체를 운영하는 오너, 유명 연예인, 정치인 등 많은 부자들의 경우, 어떤 사안을 두고 내리는 결정에 무거운 책임이 따르는 경우가 많다. 대인관계에 신중해야 하며, 사회적 시선에서도 자유롭지 않다. 따라서 부자들은 대체로 높은 심리적, 육체적 긴장 상태에 놓이게 된다.

그럴 때 뜨거운 목욕은 그러한 긴장을 가라앉히고 마음을 차분하게 정돈시키는 데 도움이 된다. 그래서 실제로 유명한 투자자 중에 큰 결정을 앞두고 사우나에 들러 생각을 정리하는 이들이 많다고 한다.

하루 2만 원으로 특급 호텔 피트니스 다니기
◆◆◆

목욕을 함께한다는 것은 서로 아무것도 걸치지 않은 상태로 만난다는 것이고, 이는 상당히 친밀한 사이가 아니고서는 하기 어려운 일이다. 하지만 서로 나체로 만나는 것이 너무나 자연스러운 환경이라면 어떨까? 친해지고 나서 함께 목욕탕을 가는 것이 일반적인 순서지만, 우리는 그 순서를 살짝 바꿔, 먼저 호텔 사우나 혹은 호텔 피트니스를 다녀보는 것이다.

최근 오픈한 '조선 팰리스 서울 강남 럭셔리 컬렉션 호텔'의 피트니스는 보증금 1억 5천만 원에 연회비 500만 원임에도 불구하고 추첨을 할 정도로 가입하려는 사람들이 많았다. 이처럼 특급 호텔들은 보통 보증금 제도로 운영되는데, 보증금이 최소 몇 천만 원에서 몇억 원에 해당하는 금액이고, 연회비는 300~500만 원 정도 한다. 금액에 놀라는 사람들도 있겠지만 정확히 따져보면 하루에 1만~2만 원이 안 되는 금액이다.

보증금이 없다면 조금 더 비싼 연회비를 내면 된다. 그것도 따져보면 하루에 3만~4만 원도 안 되는 돈이다. 생각해 보면 하루 3만 원도 안 되는 가격에 억대 부자들을 매일 만날 수 있는 곳은 단언컨대 특급 호텔 피트니스밖에 없다.

럭셔리 마케팅을 한다면 이 정도 투자는 충분히 해볼 만한 가치가 있지 않을까? 회원권을 끊으면 헬스와 사우나뿐 아니라 퍼팅 연습을 할 수 있는 골프장이나 기타 다른 부대시설들도 이용할 수 있으니, 건강에도 도움이 되고 스스로도 힐링할 수 있는 시간을 갖게 될 것이다.

만약 그렇게 특급 호텔 피트니스를 다니게 되었다면, 부자들과 매일 얼굴을 마주하는 사이가 되니 인사를 잘하는 것이 굉장히 중요하다. 지인 중 큰 인테리어 회사를 운영하는 친구가 있다. 그가 예전에 작은 인테리어 회사를 운영하면서 건강을 위해 강남의 특급 호텔 피트니스에 조금 무리해서 가입했다.

매일 운동을 하고 사우나를 하다 보니 자주 마주치는 사람들이 생겼다. 그는 외향적이고 인사성이 밝은 친구여서 사람들에게 먼저 다가가 인사를 건넸다고 한다. 그러다 보니 자연스럽게 그곳에 다니는 회원들과 대화를 트게 되었고, 시간이 지나면서 친한 사이로 발전했다.

특급 호텔 피트니스 회원들은 친목 도모를 위해 식사를 함께 하거나 골프를 치는 자리를 종종 마련한다. 한번은 그 자리에 참석한 내 지인에게 한 회원이 어떤 일을 하는지 물어봤고, 그는 작은 인테리어 회사를 운영하고 있다고 답했다.

그러자 그 자리에 있던 또 다른 회원이 마침 새로 인테리어 할 일이 있다면서 그에게 일을 맡겼다. 이후, "저번에 이 친구와 작업했더니 괜찮더라"라고 하면서 또 다른 사람을 소개시켜줬다. 이외에도 회원들로부터 여러 가지 도움을 받을 수 있었다고 한다. 그렇게 그는 지금의 굉장히 큰 인테리어 회사를 운영하게 되었다.

이태원에서 맞춤 양복 일을 하고 있는 어떤 분은, 특급 호텔 피트니스의 이러한 면을 잘 알고 있어서 1년마다 호텔을 바꾸며 다닌다. 운동과 영업이란 2가지 목적을 멋지게 병행하고 있는 셈이다.

럭셔리 호텔의 변화

◆◆◆

요즘에는 신흥 MZ리치들의 등장에 따라 럭셔리 호텔 산업에서도 이들의 입맛을 맞추기 위한 변화가 일고 있다. MZ리치들은 기존의 제도처럼 큰 돈을 보증금의 명목으로 묶어두는 것을 선호하지 않는다. 투자에 식견이 있는 사람들도 많고, 이리저리 사업상 바쁘게 움직이는 경우가 많아서 언제 이용할지도 모르는 호텔에 억 대의 보증금을 부담하고 싶지 않아 한다.

최근 잠실에 오픈한 '소피텔 앰배서더 서울 호텔(SOFITEL Ambassador Seoul Hotel)' 등의 신축 고급 호텔 등은 연회비로만 호텔 멤버십을 운영하기 시작했고, 포시즌스, JW 메리어트를 비롯한 국내 유명 럭셔리 호텔들 또한 연회비만 내도 되는 멤버십을 병행하기 시작했다.

연회비 제도는 기존의 입회비 제도보다 연간 내야 하는 금액이 두세 배 이상 많은 경우가 대부분이지만, 1억 원에 상당하는 입회비를 내지 않아도 된다는 점에서 부담이 덜해 영리치들이 찾는 경우가 많아졌다. 또한 기존의 제도는 1년 갱신인 경우가 대부분이었는데, 6개월 옵션까지도 생겨 요즘 초호화 호텔 피트니스와 기타 멤버십 전용 부대시설 공간을 이용하는 연령층이 많이 젊어졌다.

연회비가 부담스럽다면 어느 호텔이나 있는 VIP 멤버십을 구입해 보기를 추천한다. 아무리 특급 호텔이라도 50만~90만 원 정도 선에서 구매할 수 있다. 호텔에 따라 멤버십 종류도 각양각색이지만 무료 숙박권이나 스위트룸 할인권, 뷔페 식사권, 피트니스 입장권 등 다양한 혜택을 누릴 수 있다. 대개 1회권이긴 하지만 호텔 피트니스 1일 체험이라고 생각하자. 의외로 한번에 영업에 성공하는 경우도 종종 있다. 신라 호텔, 롯데 호텔, 롯데 시그니엘 호텔, 여의도 콘래드 호텔, 광화문 포시즌 호텔, 하얏트 호텔, 남산 반얀트리 호텔 등을 추천한다.

제발 고객의
입장에서 생각하라!

고객을 불편하게 하지 마라

◆ ◆ ◆

"고객의 입장에서 생각하라"고 말하면 '뭐야? 왜 누구나 다 아는 이야기를 하는 거지?'라고 생각할 것이다. 마케팅을 할 때 고객의 입장에서 생각하라는 것은 너무나 당연한 말로 들릴 수 있다. 그렇다면 이 평범한 이야기를 정말로 다 실천하고 있을까?

당신이 옷을 사러 매장에 들어갔다고 가정해 보자. 아마 백이면 백, 종업원들은 당신에게 그 옷의 장점을 설명하려고 들 것이다. 그런데 그게 정말 고객이 원하는 것일까? 당신은 어떤 것을 원할까?

당신은 아마 혼자서 옷을 둘러보는 시간을 갖고 싶을 것이다.

이것이 바로 첫 번째로 말하고 싶은 '고객의 입장에서 생각하라'는 말의 의미다. 고객의 입장에서 생각한다는 것은 '진짜 그 사람이 되어보는 것'이다. 그들의 불편함을 없애주는 것, 편안하게 해주는 것이 핵심이다. 하지만 대부분 그렇게 하지 않는다. 편안하게 쇼핑하고 싶은 고객의 마음을 모르고 옆에서 알고 싶지도 않은 정보를 계속 주절댄다. 그것이 실패 요인이 된다. 철저히 고객의 입장에서 생각해야 한다.

나는 항상 직원들에게 "고객이 편안하게 충분히 둘러볼 수 있도록 옆에서 따라다니지 말라"고 조언한다. 직원들은 고객들에게 열심히 말을 걸면 자신이 열심히 일을 한다고 생각하겠지만, 사실 고객의 입장에선 불편할 뿐이다. 그저 내버려두는 것이 좋다. 고객들이 원할 때 대답만 잘해주면 된다. 진짜 영업의 고수들은 멀찍이 떨어져서 고객을 바라보고 있다. 그보다 더 한 수위인 고수들은 아예 쳐다보지도 않는다.

특히 VIP를 대상으로 하는 보석, 명품 가방, 고가 시계, 고급 주택 등 고관여 상품의 경우, 파는 사람보다 사는 사람이 그 물건을 더 잘 알고 있는 경우가 많다. 일례로 부자들은 1억 원짜리 고가 시계를 자주 차고 다니지만 판매원들은 대체로 이런 고가 시계를 가져본 경험이 거의 없다. 형식적인 영업 목적으로만 따라다니는 것은 부자들을 귀찮게 할 뿐이다.

일단 YES를 외쳐라

❖❖❖

물건을 파는 사람들은 고객이 이 물건을 왜 '안 사는지' 고민한다. 그렇다면 반대로 생각해 보자. '이 품목을 왜 사는가?' 이 이유를 알면 왜 안 팔리는지도 알 수 있다.

의자를 파는 두 판매원이 있다. 이들이 고객과 나누는 대화를 잘 살펴보자. 첫 번째 판매원은 고객의 질문에 'NO'라고 대답하고, 두 번째 판매원은 고객의 질문에 'YES'로 응대한다.

NO라고 말하는 판매원

고객:　　이거 너무 촌스럽지 않나요?

판매원:　아닙니다. 그렇지 않습니다. 이탈리아에서 엄청 유명한 디자이너가 만들었어요.

고객:　　그래도 제가 보기엔 너무 투박한데요.

판매원:　아닙니다. 이거 완전 천연가죽이에요. 의자 디자인도 인체공학적이라 신체에 무리가 가지 않아요.

고객:　　그래도 저는 편한 것보다 예뻤으면 좋겠어요.

판매원:　아닙니다. 고객님! 이게 요즘 트렌드예요.

YES라고 말하는 판매원

고객:　　이거 너무 평범해 보이는데요?

판매원: 맞습니다. 좀 그렇죠? 제가 봐도 평범해요. 그런데 때
　　　　로는 평범한 게 오래 가는 것 같기도 하더라구요.
고객:　 저는 외적인 것을 중요하게 생각하는데요?
판매원: 맞습니다. 외적인 디자인도 중요하지요. 그렇다면 다
　　　　른 의자를 보여드릴까요?

이 두 사례를 비교해봤을 때 어떤 생각이 드는가? 아주 간단한
것이지만, 많은 판매원들이 실수하는 점이 있다. 바로 고객의 말
에 '아니다, 틀렸다'라고 말하는 것이다. 고객이 이야기했을 때는
무조건 'YES'라는 대답이 나와야 한다. 고객이 의자가 투박하다
고 말하면 투박한 것이고, 촌스럽다고 말하면 촌스러운 것이다.
　정말 그럴까, 라고 의문을 가지는 사람도 있겠지만, 지금껏 고
객 말에 긍정으로 응대해서 결과가 좋지 않았던 적은 없었다.

무관심 마케팅

♦♦♦

고객에게 편한 마음을 갖게 하는 것도 마케팅에서 하나의 중
요한 요소다.
　스타벅스의 성공 요인을 잠시 살펴보자. 스타벅스 성공 요인
에 대한 책도 많고, 스타벅스 마케팅을 분석하는 이론도 많다.

그런데 내가 맨 처음 스타벅스가 국내에 들어왔을 때부터 눈여겨봤던 것이 하나 있다. 그것은 바로 스타벅스 매장 분위기가 주는 '편함'이다. 과하지 않게 고급스러운 느낌을 주는 인테리어가 '편함'을 줄 뿐만 아니라 무엇보다 눈치 주지 않는 '편함'이 있었다. 스타벅스 매장에 들어와서 커피를 안 시키고 앉아 있다고 해서 눈치 주는 사람은 아무도 없다. 스타벅스 매장에서는 책을 읽든 노트북으로 일을 하든 전혀 상관하지 않는다. 나는 이런 '편함'이 스타벅스를 성공으로 이끈 큰 요소 중 하나라고 생각한다.

물론 많은 관심을 보이며 친근하게 대하는 접근법도 하나의 마케팅 수단일 수 있다. 하지만 현대 사회에서 이미 너무 많은 눈치에 지쳐 있는 사람들에게는 지나친 관심이 '불편함'으로 다가온다. 요즈음의 트렌드는 오히려 '무관심 마케팅'이 고객에게 '편함'으로 다가가고 있는 것이다.

럭셔리 제품
영업의 핵심

럭셔리 제품을 어떻게 해야 잘 팔 수 있을까

◆◆◆

'어떻게 해야 잘 팔 수 있을까?' 이것은 모든 마케터의 가장 중요한 고민이라고 할 수 있다. 럭셔리 제품 마케팅을 하는 마케터들도 역시 이것을 고민할 것이다. 나 역시 고관여 상품을 판매하면서 가장 고민했던 부분이기도 하다. 그래서 내가 20년 동안 영업을 해오며 알게 된 것으로, 가장 중요하지만 많은 이들이 놓치고 있는 럭셔리 제품 영업의 '3가지 핵심'을 소개하려고 한다.

핵심 1: 팔고자 하면 팔 수 없다

소위 말하는 고관여 상품들, 즉 명품은 팔고자 하면 팔지 못한다. 팔지 않고자 해야 팔 수 있다니, 의아한 생각이 드는 사람도 있을 것이다. 왜 팔고자 하면 팔지 못한다는 것일까? 이는 명품을 이야기할 때 '희소성'을 빼놓을 수 없는 것과 같은 이치로 설명할 수 있다. 명품의 가치는 곧 '희소성'이 결정한다고 해도 과언이 아니다. 사고 싶어도 살 수 없는 것, 가지고 싶다고 해서 아무나 가질 수 없는 것, 그것이 곧 명품이기 때문이다.

꽤 오래전 일인데 국내의 한 명품 백화점에서 한 벌에 60만 원짜리 여성 속옷을 한정판 이벤트로 판매한 적이 있었다. 그런데 하루 만에 완판(완전히 판매됨)되어 백화점 측에서 깜짝 놀랄 정도였다. 그 비싼 속옷이 어떻게 하루 만에 완판될 수 있었을까? 이는 '희소성' 때문이었다. 속옷이라는 상품이 아닌, 한정판이라는 '희소성'으로 판매된 것이다.

어떻게든 사게 하려고 애걸복걸하는 식의 태도는 고객에게 '언제든 쉽게 살 수 있는 물건'이라는 이미지를 준다. 희소성의 가치가 떨어지는 것이다. 고객에게 상품을 판매하고 싶어 애가 닳아도 우선 대범하게 마음을 먹어보자. 쉽게 가질 수 없는 희소성을 부각하며 아무에게나 팔지 않는다는 점을 강조하면, 오히려 고객은 상품에 더 큰 매력을 느끼게 될 것이다.

핵심 2: 점잖은 행동만 해서는 팔 수 없다

재미있게 영업해야 한다. 다시 말해, 고객을 즐겁게 해줘야 한다. 고관여 상품을 판매하는 사람들이 대개 부자들, 사회적으로 높은 지위에 있는 사람들을 상대하다 보니, 예의 바르고 깍듯하게 대해야 한다는 생각을 하기 쉽다. 그래서 공적인 태도로 점잖게 행동하려고 노력한다. 하지만 오히려 약간은 재치 있고 오버스러운 게 더 좋은 태도다. 고객에게 즐거운 느낌을 줬을 때 비로소 고객의 지갑이 열리기 때문이다.

한남동 유엔빌리지 고급 빌라를 분양할 때의 일이다. 해외에서 아주 오래 살다온 고객이 있었다. 국내에 다시 정착하려고 집을 알아보는 중이었는데, 아무래도 외국에 오래 살다 보니 여러 가지 정보가 부족할 수밖에 없었다. 나는 그에게 마치 친구에게 이야기하듯 한국에 대한 여러 가지 정보들을 알려줬다. 그는 나의 이야기를 더 듣고 싶었던 것인지 식사를 제안했다.

보통 고급 빌라를 보러온 고객을 상대할 때, 최대한 예의를 갖춰 깍듯이 응대하고자 하는 경우가 많다. 누구에게나 예의를 지키는 것은 중요하지만 지나치게 깍듯이 대하려고 하면 경직된 태도가 오히려 어색함만 줄 수 있다. 나는 고급 빌라를 보러온 고객이 있다면, 그가 최대한 재미있고 편안한 분위기 속에서 집을 구경할 수 있게 만드는 데 집중한다.

식사 자리를 제안했던 고객은 자신을 편안하게 대해 준 점을 고마워했고, 소개해준 고급 빌라에 대해서도 신뢰가 생겼다는 이야기를 전해왔다. 그렇게 계약은 성사되었다.

아마 내가 점잖은 행동만 했더라면 사적인 식사 자리는 만들어지지 않았을 것이고, 계약이 성사되지 않았을지도 모를 일이다. 앞에 다루었던 내용인 '고객을 세 번 웃겨라'와 같은 맥락이다. 고객을 재미있게 만들기 위해서는, 점잖은 행동만으로는 부족하다.

핵심 3: 고객과 친구가 되라

'고객이 왕'이라는 말은 이제 옛말이 되었다. 요즘엔 오히려 원치 않은 과도한 대접과 친절을 부담스러워하며 꺼리는 분위기다. 이제는 고객과 종업원 사이도 '친구' 같은 느낌이 되어야 한다. 그것이 고객에게 당신을 각인시킬 수 있는 가장 좋은 방법이 될 것이다. 종업원은 기억하지 못하지만, 친구는 기억하기 마련이니까.

돈이 많을수록 친구가 많을 것 같지만 그렇지 않다. 친구인 '척'하는 사람들이 많을 뿐이다. 부자들은 외롭다. 친구인 척 가장하고 돈을 뜯어내려고 하는 사람들은 많은데 진정한 친구가 별로 없기 때문이다. 그래서 우리는 고객에게 친구 같은 사람이 되어야 한다. 고객을 '왕'으로 대접하는 것이 아니라, 고객의 '친구'가 되어 당신을 각인시켜라.

디지털 럭셔리를 모르고
럭셔리 마케팅을 논하지 마라

디지털 세상에 발맞춘 럭셔리 마케팅

◆◆◆

몇 해 전에 국내 〈VOGUE〉 잡지를 발행하는 두산 매거진의 부사장님으로부터 '디지털 럭셔리'를 모르고 럭셔리 마케팅을 이야기할 수 없다는 말을 들은 적이 있다. 그만큼 럭셔리 마케팅에 디지털의 영향이 크다는 의미다.

2025년까지 럭셔리 브랜드 매출의 약 1/5에 해당하는 740억 파운드(한화로 약 100조 원)가 온라인에서 발생할 것으로 예측되고 있다. 이에 다수의 럭셔리 브랜드들이 경쟁적으로 디지털을 활용한 마케팅에 나서고 있다.

럭셔리 브랜드 중 가장 적극적인 디지털 마케팅을 펼치고 있는 브랜드는 버버리다. 버버리는 젊은 신규 고객층의 유입을 위해 브랜드 로고를 리뉴얼했다. 또한 스트리트 패션을 강조한 의상을 선보이기 시작했다. 게다가 주로 스트리트 브랜드에서나 볼 수 있었던 '드롭(Drop)'이라는 판매 방식도 도입했다. 드롭이란 소량의 제품에 대한 판매 계획을 주로 온라인을 통해 갑자기 공개하는 방식이다.

구찌는 2018년 S/S캠페인의 일환인 '구찌 상상의 세계(Gucci Hallucination)'에서 이러한 예술적 접근을 디지털 기술과 접목했다. 바로 스페인 아티스트 이그나시 몬레알(Ignasi Monreal)이 르네상스풍으로 완성한 70여 종의 패션 아트워크를 가상현실(VR)과 증강현실(AR)의 방식으로 선보인 것이다.

'e-커머스 전략'에서는 보수적인 자세를 취하고 있지만, 소셜 미디어 마케팅에서만큼은 디지털상에서 강한 존재감을 드러내는 브랜드도 있다. 바로 샤넬(Chanel)이다. 현재 샤넬의 인스타그램과 트위터 채널의 팔로워 수는 4천만 명이 넘는다. 유명 셀러브리티가 등장하는 캠페인 광고 영상뿐만 아니라, 브랜드의 비하인드 스토리 영상, 메이크업 튜토리얼 영상 등 콘텐츠 유형을 구분해 채널별로 최적화된 동영상을 선보이고 있다.

전통적인 명품 브랜드들은 'e-커머스' 도입을 꺼려하는 경향이 있다. 브랜드의 품격이 훼손되는 것을 우려해 e-커머스의 편리성보다는 오프라인의 안전성을 추구하는 것이다. 하지만 그로

인해 디지털상에서 제품을 구매하고자 하는 젊은 세대의 수요와 럭셔리 브랜드들의 디지털 서비스 사이의 격차는 점점 더 벌어질 수밖에 없다.

말(馬)은
늘 럭셔리하다

명품 브랜드 로고에 새겨진 말

◆◆◆

슈퍼리치들의 소유물이라고 하면 요트와 승마가 떠오른다. 특히 승마는 외국에서 오래전부터 귀족 스포츠로 여겨졌다. 오늘날 우리나라에서도 승마는 부의 상징으로 여겨지기도 하고, 실제로도 부유층들이 승마를 즐기는 경우가 많다. 이러한 배경 때문인지 오랜 역사를 자랑하는 럭셔리 브랜드의 로고나 제품에 말과 관련된 것이 많다.

이탈리아 브랜드 구찌의 상징인 녹색과 빨간색으로 이뤄진 3선 줄무늬는 승마에서 쓰이는 장식인 말의 안장을 고정시키는 끈에서 비롯된 디자인이다. 또 구찌의 시그니처 장식인 홀스빗

(Horsebit)은 말굽 모양 2개를 이어놓은 듯한 디자인으로, 구찌의 거의 모든 액세서리에 활용되고 있다.

프랑스 브랜드 에르메스는 로고뿐만 아니라 브랜드의 시작부터 말의 영향을 받았다. 에르메스의 창업자인 티에리 에르메스는 파리의 마드레인 광장 거리에서 마구와 장식품을 만들어 팔던 마구상이었다. 그러다 점차 마차 사용량이 줄어들면서 손자인 에밀 에르메스가 말의 안장을 만들 때 사용하는 박음질법인 '새들 스티칭'을 활용해 가방, 지갑 등의 가죽 제품을 만들기 시작하면서 럭셔리 브랜드로 발전했다. 또한 에르메스 로고에는 '뒤크'라는 사륜마차와 마차를 끄는 말과 마부 겸 탑승자가 있는 모습이 있다.

영국 브랜드 버버리의 로고에도 말이 있다. '프로섬(Prorsum)'이라고 적힌 깃발을 들고 달리는 기수의 모습을 형상화한 모습이다. 프로섬은 '앞으로, 전진'이라는 뜻의 라틴어다.

미국 브랜드 코치 로고에도 말과 마차가 있다. 코치(Coach)는 영어로 '바퀴가 4개 달린 마차'를 의미한다.

그 밖에도 무수히 많다. 미국 패션 디자이너 랄프 로렌은 말과 관련된 스포츠인 폴로에서 영향을 받아 브랜드 폴로 로고를 만들었고, 미국 청바지 브랜드 리바이스 청바지 뒷면에는 두 마리 말이 그려진 가죽 패치가 붙어 있으며, 살바토레 페레가모는 말을 활용한 디자인을 계속해서 선보이고 있다.

이처럼 말은 고급스러운 이미지와 더불어 변화나 역동적인 이미지도 강하다. 럭셔리 패션 브랜드가 말을 사랑하는 이유다.

패션 브랜드뿐만 아니라 고급 자동차 브랜드에서도 말을 볼 수 있다. 이탈리아 스포츠카 브랜드 페라리의 로고는 앞발을 들고 힘차게 도약하는 말 모양이다. 스포츠카 브랜드 포르쉐의 문장에도 검은 말이 있는데, 스포츠카의 역동성과 파워풀한 이미지를 표현하기 위해 말을 넣었다고 한다.

중국은 해외 브랜드의 영어 이름을 새로운 한자로 바꿔서 사용한다. 그런데 해외 럭셔리 브랜드의 영어 이름을 한자로 바꿀 때 말 마(馬)가 들어가는 경우를 종종 볼 수 있다. 일례로 BMW의 중국 이름은, 좋은 수레와 잘 꾸민 말을 뜻하는 '향거보마(香車寶馬)'에서 따온 '바오마(寶馬)'다. 메르세데스 벤츠는 '번츠(奔馳)'라고 불리는데, 중국어로 '츠(馳)'는 '말이나 수레를 빨리 몰다, 질주하다'는 뜻이다.

이처럼 말은 그 자체로 지닌 럭셔리 이미지로 인해 다양한 럭셔리 브랜드에서 활용되고 있다. 국내에도 이러한 말의 이미지를 럭셔리 사업에 접목할 만한 곳이 있다. 바로 제주도다.

제주도의 조랑말

◆◆◆

최근 몇 년 간 제주도가 휴양지로 각광받으면서 고급 리조트, 고급 빌라, 고급 호텔이 많이 생기고 있다. 하지만 제주도를 상징하는 럭셔리 브랜드로 딱히 떠오르는 게 없다. 제주도만의 특산품이 꽤 많이 있는데 잘 활용하지 못하는 것 같아서 아쉽다.

제주도에는 말이 유명하고 푸른 하늘과 바다가 특색이다. 말 중에서도 특히 조랑말이 유명하다. 그러므로 조랑말을 럭셔리 브랜딩에 적용해 보는 것은 어떨까. 미국의 대표적인 스포츠카인 포드의 '머스탱(Mustang)'도 조랑말을 브랜드의 상징물로 쓰고 있다. 말발굽이나 말의 형상화는 흔하기 때문에 조랑말의 꼬리를 형상화해 보는 것도 좋다. 또 컬러는 로열 블루로 푸른 바다를 연상하게 하는 이미지를 만들면 제주도만의 멋스러움을 살리면서도 고급 브랜드화하는 전략에 도움이 될 것이다.

최고급 빅리치 파티

◆◆◆

제주도 관련 프로젝트를 진행할 때의 이야기다. 제주도 중문 쪽에서 서귀포 쪽으로 5분 정도 가다 보면 우측에 특이한 모양의 고급 빌라가 눈에 띈다. 제주도 최초의 페레티 요트하우스다.

이 프로젝트 때문에 이탈리아의 럭셔리 요트 페레티(Ferretti) 40주년 기념식에 초대되어서 3일간 이탈리아 페레티 본사에서 열리는 파티에 참석했다. 여기에는 페레티 요트를 구입한 전 세계 빅리치 고객들이 모여 있었다. 페레티 요트는 이탈리아 럭셔리 요트 제조사 페레티가 만드는 세계 최고급 수제 요트다. 전세계 부호들이 100억 원이 넘는 이 요트를 구매하고 있다.

첫날에는 오랜 비행으로 심신이 지쳐 있었지만, 다음날 페레티 요트를 직접 타보고 나니 확실히 피로가 확 풀리는 느낌이었다. 땅에서 바다를 바라보는 느낌과 바다에서 육지를 보는 느낌은 정말 달랐다.

저녁에는 유명 영화배우를 비롯해 각계각층의 빅리치들이 함께 샴페인 축제를 즐겼다. 태어나서 샴페인을 그렇게 많이 마셔본 건 처음이었다. 분위기가 무르익어 갈 때쯤 조명 하나가 켜졌다. 조명은 페레티 회장을 비추고 있었다. 손님들과 샴페인을 마시던 그는 의자 위에 올라섰다. 순간 파티장이 조용해졌다. 그가 어떤 말을 할지 궁금해서 파티장에 있던 모든 사람들의 시선이 그에게 집중되었다. 그러자 그는 함박웃음을 지으며 말했다. "Thank you."

사람들은 예상 외의 짧은 인사말에 다소 놀란 듯한 표정으로 축하의 박수를 보냈다. 하지만 진짜 놀라운 일은 그다음에 벌어졌다. 어둡던 무대에 불이 들어오면서 사람들이 모두 깜짝 놀랐다. 무대 위에 있는 한 마리의 말과 그 말에 타고 있는 전라에 가까운 모델 때문이었다.

실내 파티장에 진짜 말이 등장하다니, 감탄사가 절로 나왔다. 모델도 파격적이었지만, 모델을 잊을 정도로 매끈하고 근사한 말의 자태가 감탄을 자아냈다. 그렇게 무대에 잠시 서 있던 말은 천천히 파티장으로 걸어 내려왔고, 또 다른 멋진 말과 모델들이 등장해 줄줄이 그 뒤를 따랐다. 정말 손만 뻗으면 닿을 수 있는 거리에서 말들이 파티장을 유유히 거닐었다. 말과 모델들이 모두 퇴장하고 더욱 고조된 분위기로 파티가 계속되었다.

이후 10여 년이 지났고 그동안 수많은 파티를 경험했지만 이만큼 강렬하게 기억에 남는 파티는 드물다. 너무나 근사하고 정말 럭셔리했다. 길지 않은 시간에 이렇게 럭셔리한 파티 분위기를 만들어낸 데는 말의 역할이 컸다.

럭셔리 브랜드를 론칭하고 싶거나, 제품 관련 이미지를 고민하고 있다면 말은 좋은 선택지다. 럭셔리 컬러로는 블루(Blue)를 추천한다. 직간접적으로 말을 형상화하거나, 로열 블루나 티파니 블루와 같은 블루 계열의 색으로 네이밍 및 디자인을 해보면 좋겠다.

럭셔리
블루

고급스러운 이미지를 주는 블루

♦♦♦

〈악마는 프라다를 입는다〉라는 영화에서 유명 패션지 〈런웨이〉 편집장 미란다(메릴 스트립)는 새로 들어온 비서인 앤드리아(앤 해서웨이)가 패션에 대해 성의 없이 대답하자 이를 지적하며 앤드리아가 입은 블루 색의 옷에 대해 다음과 같이 말한다.

"넌 자기가 입은 게 뭔지도 모르고 있어. 이건 그냥 블루가 아니야. 정확히 세룰리안 블루야. 또 당연히 모르겠지만 2002년엔 오스카 데라렌타와 이브생로랑 모두 세룰리안 컬렉션을 했지. 세룰리안 블루는 엄청 인기를 끌었고 백화점에서 명품으로 사랑받다가 슬프게도 네가 애용하는 할인매장에서 시즌을 마감할 때까지 수백만 달러의 수익과 일자리를 창출했어"라고 말하는 부분이 나온다.

이 대사에서 내가 주목했던 부분은 '블루'다. 평소에 누군가 나에게 좋아하는 색을 물어보면 나는 지체 없이 블루라고 답한다. 내가 가진 양복도 블루 계열이 대부분이고, 스웨터도 셔츠도 블루 계열이 많다. 심지어 블루 색의 구두도 가지고 있다. 블루 계열의 구두가 요즘에는 많아졌지만, 나는 블루 계열의 남성 구두가 많이 없던 시절에도 찾아서 신고 다녔다.

다양한 블루 계열의 색 중에서도 럭셔리한 블루를 꼽자면 단연 로열 블루(Royal Blue)라고 할 수 있다. 로열 블루는 깊이 있고 안정감이 있으며, 신뢰감을 주면서 마음을 평온하게 하는, 다양한 매력이 있는 컬러다.

이탈리아 색채학자 마라 마르칸토니(Mara Marcantoni)의 저서 《색채 이론》에 따르면 18세기 영국의 조지 3세가 '권위 있는 승리자'라는 의미를 담아 로열 블루를 왕실 색으로 지정했고, 19세기에 윌리엄 4세가 'The Royal Blue'라는 명칭을 처음 사용했다고 한다.

영국 윌리엄 왕자와 결혼한 캐서린 왕자비는 공식 석상에서 로열 블루 원피스에 고(故) 다이애나 왕세자비의 블루 사파이어 반지를 착용하고 등장했다. 1981년 다이애나 스펜서가 찰스 왕세자와 약혼을 발표할 때 입은 슈트 컬러도 로열 블루다. 오늘날에도 조르지오 아르마니, 랄프 로렌 등과 같은 클래식하고 스토리 있는 디자인을 추구하는 디자이너들은 시즌에 상관없이 로열 블루에 열광한다. 로열 블루 외에도 프러시안 블루, 티파니 블루 등 여러 가지 특별한 블루가 있다.

'티파니 블루(Tiffany Blue)'는 세계적인 색상 공급 업체 팬톤 사에 의뢰해서 특별히 개발한 색상이다. 티파니 블루 색의 상자는 오늘날 로맨틱한 프로포즈의 상징으로 떠오르고 있다. 티파니 블루는 티파니의 설립 연도에서 번호를 따와서 공식적인 색상 번호는 'PMS 1837'이다. 이 색은 티파니 외에는 사용할 수 없다. 티파니 블루는 브랜드의 이름이 공식적인 색명으로 자리 잡고 있는 특이한 경우다.(〈럭셔리〉 잡지 장라윤, 최정아 기자)

스페셜하고 럭셔리한 파티를 기획할 때 블루를 형상화해 보는 것도 좋다. 예를 들면 웨딩드레스 패션쇼를 할 때 흰색이 주를 이루는데, 로열 블루 색으로 포인트를 줘서 마무리하는 것이다. 자동차 회사에서도 신차 발표를 할 때 블루로 하는 경우가 종종 있다. 럭셔리하고 고급스러운 이미지를 보여줘야 하는 때 블루 색을 활용하는 것을 추천한다.

부자를 사로잡는
선물의 기술

고객을 감동시키는 선물

◆◆◆

금융권의 PB센터에서는 VIP 고객들에게 어떤 선물을 해야 고객이 감동을 받을 수 있을지를 무척 고민한다. 빅리치에 해당하는 VIP 고객들은 워낙 선물을 많이 받기도 하거니와, 그렇기 때문에 어지간한 선물로는 감동시킬 수 없기 때문이다. 괜히 굴비 세트나 스팸 세트 같은 마음에 들지 않는 선물을 보냈다가 고객의 입장에서 성의 없다는 생각이 들면, 다른 은행으로 예치금을 옮겨버릴지도 모를 일이다. 이러한 고민은 고급 자동차를 판매하는 딜러, 고급 주택이나 럭셔리 제품을 판매하는 마케터에게도 마찬가지다. 어떠한 선물이 좋은 선물이고 고객의 기억에 남을까? 어떤 선물을 해야 고객에게 감동을 불러일으킬 수 있을까?

선물 컨설팅 회사 '델라 기프트'의 이종선 대표는 선물에서 가장 중요한 것은 '마음'과 '메시지'라고 했다. 그래서 선물 자체에 메시지가 있는 선물을 택하는 것이 가장 좋지만, 만일 그렇지 못할 경우에는 카드라도 적극적으로 활용해야 한다고 말한다. 카드 메시지에 왜 이 아이템을 선택했는지, 왜 선물하는지 등의 마음을 담는 것이다. 이종선 대표는 생색내는 것처럼 여겨져 카드 쓰는 것을 꺼리는 사람도 있는데, 선물의 효과를 극대화하고 의미를 고스란히 전달하기 위해서 카드는 필수라고 말한다.

고사리 한 팩에 담긴 정성

◆◆◆

재일교포 출신 김홍주 회장이 애정을 갖고 만든 제주도 '핀크스 골프장' 이야기다. 지금은 SK가 인수해서 운영하고 있지만, 핀크스 골프장은 제주도에 최초로 럭셔리 골프장을 안착시킨 선발주자이기도 하다. 재일교포 출신답게 손님의 서비스에 대해서 특별히 공을 많이 들였고, 고객들을 위한 선물 또한 남달랐다.

하루는 핀크스에서 골프장 개장을 기념해 회원들에게 작은 종이상자를 선물로 보냈다고 한다. 그리고 이 상자를 받아본 회원들은 크게 감동했다. 도대체 어떤 선물이기에 그랬을까? 놀라지 마시라. 바로 '고사리 한 팩'이었다. 물론 제주도 고사리가 유명하기는 하지만, 그 자체로 감동적인 선물이라고 보기는 어렵다. 핀크스가 고객에게 보낸 것은 그냥 고사리가 아니었다. 고사리와 함께 온, 캐디가 직접 정성스레 눌러쓴 손편지에는 이렇게 적혀 있었다.

"안녕하세요, 회원님. 우리의 회원이 되어주셔서 진심으로 감사합니다. 저희가 직접 뽑고 말린 제주도 고사리를 보냅니다. 고사리는 면역력을 강화시키고, 장의 전체적인 건강 증진에 도움을 준다고 합니다. 대단한 것은 아니지만 저희의 정성이오니 부디 맛있게 드셨으면 좋겠고, 언제든 골프장으로 오시면 반갑게 맞이해드리겠습니다. 감사합니다."

이러한 정성에 그 누가 감동하지 않을 수 있을까. 핀크스는 이렇게 회원들의 관리에 각별한 관심을 기울였다고 한다. 이후 제주도에 럭셔리 골프장이 많이 생겨났는데, 핀크스의 고사리 선물 일화가 유명해지자 골프장들이 전부 고객들에게 고사리를 선물로 보냈다고 하는 웃지 못할 이야기가 전해진다. 안타깝지만 고사리 선물은 이제 더 이상 경쟁력이 없다.

예상치 못한 선물로 효과 극대화하기

◆◆◆

개인적으로 선물은 '내가 사기는 싫은데, 누군가가 주면 좋은 것'이 제일이라고 생각한다. 뭔가 내 돈 주고 사기에는 아깝지만 한번 가져보고 싶은 것 말이다. 그런 것에는 무엇이 있을까. 나는 예전에 이런 고민을 하다가 '손톱깎이'를 떠올렸던 적이 있다. 손톱깎이라니 혹자는 너무 평범하고 비싸지도 않은 선물이라고 생각할 수 있다. 하지만 내가 선물했던 손톱깎이는 일반적인 손톱깎이가 아니었다. 일본의 '스와다'라는 고급 손톱깎이 브랜드인데, 그곳에서는 장인들이 직접 손톱깎이를 만든다. 가격대는 보통 5만~10만 원 정도이고, 비싼 제품은 70만 원짜리까지 있다. 세상에 누가 제 돈 주고 그렇게 비싼 제품을 살까. 만 원도 안 되는 제품이 널리고 널렸는데 말이다. 바로 그 점이 이 선물의 핵심이다. 아무리 돈이 많아도 고가의 손톱깎이를 사는 부자들은 드물 것이다. 생각지도 못한 선물, 예상치 못한 선물은 선물의 효과를 극대화한다.

내가 보낸 문자가 스팸 문자?

◆◆◆

추가로, 고객들에게 선물보다 더 자주 보내는 '문자'에 대해서도 짧게 이야기해 보려고 한다. 연말연시나 명절이 되면 많은 사람들이 주변 지인들에게 문자를 보낸다. 특히 영업을 하는 사람들에게는 이러한 안부 인사의 중요성이 더욱 크다. 하지만 워낙 인사해야 할 사람이 많다 보니 똑같은 글귀를 복사해서 단체로 보내는 이들이 많다. 물론 그 심정은 이해하지만, 절대로 추천하지 않는 방법이다. 받는 사람 입장에서 생각해볼 때, 스팸 문자처럼 느껴지지 않겠는가? 당신뿐만 아니라 많은 이들이 비슷하게 보낼 테니 말이다.

나도 명절에는 단체문자를 보내곤 했다. 그런데 한번은 실수로 설날인데 '추석 명절 잘 보내시라'고 문자를 보낸 적이 있었다. 약 100명 정도 보냈을 때까지 알아차리지 못했다. 그런데 이 실수로 하나 알게 된 사실이 있다. 받은 사람들도 몰랐다는 것이다. 절반 이상의 사람들이 추석 문자인지 설 문자인지 전혀 눈치 채지 못했다. 그만큼 사람들은 흔한 문자는 제대로 보지 않는다.

그때부터 나는 한 명 한 명 모두 다르게 보낸다. 단 한 줄이라도 정성을 들여 맞춤 문자를 보낸다. 예를 들면 "이번에 아드님이 해외에서 돌아오셨다고 들었어요. 올해는 더 따뜻하게 보내시길 바랍니다", "저번에 먹었던 삼계탕보다 더 맛있는 집을 찾았어요. 올해 그곳에 꼭 함께 가요"라는 식이다. 현재 나는 4,500여 명의 고객을 관리하고 있는데, 문자를 준비하는 기간만 약 일주일이 걸린다.

문자를 보내는 시기 역시 중요하다. 앞에서 '예상치 못한 선물'은 선물의 효과를 극대화한다고 했다. 문자 역시 마찬가지다. '예상치 못할 때'라면 그 효과는 배가 된다. 그렇다면 연말 안부 인사는 언제 보내는 게 좋을까? 당연히 남들이 보내지 않을 법한 시기에 보내야 한다. 보험회사, 카드회사의 스팸 문자 같은 안부 인사들 틈에 나의 문자가 묻히지 않도록, 하루 전에 미리 보내거나, 차라리 하루 늦게 보내는 것도 좋은 방법이다.

중요한 것은, 무엇을 보내는 것이 아니라 얼마나 정성을 담고 있느냐이다. 다소 뻔한 이야기지만 말이다. 고객에게 진정성 있는 감동을 줄 수 있어야만 가치 있는 선물이 된다는 사실을 잊지 말자.

부자가 될 운을 만드는
3가지 방법

부는 운칠기삼이다?

◆◆◆

성공을 결정하는 건 운일까? 능력일까? 2018년 SBS 창사특집 〈운인가 능력인가〉에서 이를 주제로 다룬 적이 있다. 이탈리아 한 대학의 연구진들이 물리학, 경제학 모델을 이용해 실험을 진행했다. 컴퓨터 안에 가상세계를 만들고 인간의 능력과 운이 성공에 미치는 영향을 각각 시뮬레이션해본 것이다. 이 가상세계에는 1,000여 명의 사람이 있고, 연구진은 20세부터 60세까지 40년간 다양한 능력을 가진 사람들에게 각기 다른 행운과 불운을 겪을 수 있게 설정했다. 그 결과, 성공을 이룬 사람들은 능력보다는 운이 좋은 사람들이라는 결론이 나왔다.

나 역시 모 일간지 인터뷰에서 '경제와 운'에 대한 이야기를 한 적이 있었다. 기자는 "운이 그 사람의 성공에 큰 작용을 하는가?"라고 질문했고, 나는 "흔히 운칠기삼(運七技三)이라는 말을 많이 하듯, 부에 관련한 부분 역시 마찬가지다"라고 답하며, 내가 만났던 고객 중 운이 좋았던 한 분의 이야기를 들려줬다.

그는 서른 살이 되기 전에 30억 원을 모으겠다는 목표를 가진 청년이었다. 그런데 공부를 너무 못해 대학도 간신히 턱걸이로 들어갔으며, 어차피 재능이 없는 학업보다는 어떻게 해야 돈을 벌 수 있는가에만 몰두했다. 그가 선택한 사업은 석탄 수입이었는데, 그렇게 시작한 석탄 수입 사업으로 정말 서른 살 전에 30억 원을 모았다.

목표를 이룬 그의 다음 목적은 다름 아닌 노는 것이었다. 그는 30억 원을 모두 달러로 바꿔서 미국으로 건너갔다. 그곳에서 결혼도 하고, 아이도 낳고, 수영장 딸린 집을 사서 3년 정도 전 세계를 돌아다니며 돈을 썼다. 노는 것도 지겨워질 때쯤 미국에서 새로운 개인 사업에 도전했지만, 손대는 일마다 실패를 거듭했다. 손해를 보고 전 재산의 반이나 날렸다. 그런데 이때부터 이 남자의 기막힌 운이 폭주하기 시작했다.

바로 IMF가 터진 것이다. 원달러 환율이 2,300원대로 치솟기 시작했다. 남아 있던 전 재산을 한화로 바꾸며 그의 인생 역전극이 시작되었다. 이민을 떠날 때 환율에 비교해 무려 3배가 된 것이니, 미국에서 손해 봤던 사업의 손실을 메꾸고도 남는 금액으로 '원위치'되었다. 그러나 그의 운은 여기서 끝이 아니었다. 서울로 돌아와 당시 15억 원을 호가하다 7억 원대로 떨어진 한남동 유엔 빌리지 내 고급 빌라를 구입했고, 헐값이 된 기업 인수 투자에도 나섰다. 탄산음료 가스충전 업체를 비롯한 알짜배기 기업 3개를 인수했다. 현재 그의 재산은 수천억 원대에 달할 것으로 보인다. 30억 원을 모으겠다는 서른 살에 비해, 100배가 넘는 부자가 된 것이다.

그는 서른 살 전에 '30억 원을 모아 부자가 되겠다'는 구체적인 '진짜 결심'을 했고, 자기 객관화를 하며 선택과 집중을 했다. 학업에 뜻이 없고 재능도 없다는 생각에 돈이 될 만한 일이면 무엇이든 찾아나섰다. 그렇게 성공해 보기도 하고, 한때 미국에서 작은 사업 실패를 겪기도 했지만, 시의적절하게 운도 따라줬다.

이번에는 앞서 말한 행운의 남자와 정반대 상황을 겪은 한 주식전문가의 이야기다. 그는 코스닥에 회사를 상장해 수십억 원이 넘는 재산을 모았다. 그러나 어이없는 부동산 사기에 휘말려 단번에 모든 재산을 날려버리고 말았다. 서울 송파구 부동산 개발에 투자하면 수익을 볼 것이라는 친한 지인의 말만 덜컥 믿고 자신이 잘 모르는 부동산 분야에 전 재산을 쏟아부은 것이다. 수십억대 자산가였던 그는 일순간 알거지 신세로 전락하고 말았다. 친한 지인의 우연한 투자 권유는 악운이었고, 큰돈을 날린 것에 억울해하다 몸도 마음도 모두 망가지고 말았다.

명리학 강사로 활동하고 있는 소재학 씨의 말에 따르면, 현명한 사람은 투자가 잘된 것이 '운'이 따라줬기 때문이라는 것을 알고 있다고 한다. 그리고 그 행운은 항상 주어지는 것이 아니라는 것도 말이다. 따라서 재산을 관리하고 키울 실력을 갖추도록 부단히 노력한다. 반면 어리석은 사람은 운으로 큰돈을 벌게 되면 어느 순간부터는 그것이 운이 아닌 자신의 능력으로 착각한다고 한다. 일정 시기가 지나가면 더 이상 운이 따라주지 않는데 예전처럼 안일하게 처리한다면 큰 재산을 잃을 수도 있다.

이렇게 보면 행운을 만드는 것도, 악운을 만드는 것도 자기 자신이다. 다시 말하자면, 운이라는 방향키를 잡고 있는 것이 '나'라는 것이다. 그렇다면 어떻게 해야 운의 방향키를 좋은 쪽으로 돌릴 수 있을까?

먼저, '행동'해야 만들 수 있다. 아무것도 시작하지 않으면, 아무 일도 일어나지 않기 때문이다. 다음 몇 가지의 팁들이 '행동'하는 데 적게나마 도움이 되었으면 좋겠다.

목표를 확실히 하라

◆◆◆

SBS골프해설위원으로 시작해 지금은 로얄링스CC를 운영하고 있는 정재섭 회장이 몇 년 전 내게 "나도 나만의 골프장을 갖고 싶다"고 말한 적 있다. 그는 그렇게 목표를 정했고, 이를 꼭 이루겠다고 결심했다고 한다. 그로부터 정확히 4년 후에 다시 그의 전화를 받았다. 골프장 오픈식에 초대하니 참석해달라는 내용이었다.

많은 부분이 생략되어 있는데, 그가 그 4년 동안 골프장을 갖겠다는 목표를 위해 얼마나 고군분투했을지는 감히 상상조차 하기 어렵다. 하지만 그러한 노력의 첫 걸음에는 단호하고 구체적인 '결심'이 있었다. 그는 이제 11개의 골프장을 갖겠다는 목표를 갖고 또 그 목표를 이루기 위한 발걸음을 내딛었다.

그동안 내가 만나온 부를 이룬 부자들도 모두 일단 자신이 이루고자 하는 구체적인 목표부터 설정했다. 이루고 싶다면, 목표부터 세워라.

'Fun'한 일 찾기

◆◆◆

실패의 원인 중 8할은 '이것 했다, 저것 했다' 하는 것이다. 조금 하다 안 되면 말고, '이게 내 길이 아닌가 보다, 다른 걸 한번 해볼까' 하는 것이다. 이런 실패를 줄이기 위해서는 처음부터 선택을 잘해야 한다. 사실 어떤 사람이든 자기 분야에서 10년 이상

일했다면 인정받을 수 있다. 한 분야에서 10년을 버틴다는 것 자체가 쉬운 일이 아니기 때문이다. 그런데 하나의 일을 꾸준히 하기 위해서는 이 일을 계속 해나갈 수 있는 '원동력'이 필요하다. 나는 그것이 바로 'Fun'이라고 생각한다.

직업 선택에 고민이 많은 젊은 친구들에게 강의 때마다 하는 질문이 있다. 내가 '잘할 수 있는 것', '좋아하는 것', '재미있어하는 것' 중 과연 어떤 선택을 하는 것이 바람직할까? 대부분은 직업을 선택할 때 '잘할 수 있는 것'을 고른다. 하지만 나는 '재미있어하는 것'에 올인하는 것이 좋다고 생각한다. 나에게 'Fun'한 일을 찾아야 한다.

일단 재미를 느낀다면 그 일을 좋아하게 되고, 좋아하는 일은 계속하게 되므로 결과적으로 '잘'하게 될 수밖에 없다. 물론 3가지의 교집합인 일이 있다면 그것은 축복이겠지만, 그게 아니라면 본인이 '재미있어하는 일'을 선택하는 게 좋다. 'Fun'한 일을 찾는다면 그 일을 하면서 생기는 '역경'을 이겨낼 수 있는 원동력과 힘이 생기니까.

긍정적인 방향으로 생각하기

◆◆◆

사회적으로 성공을 거둔 사람들은 일단 실행하고 본다. 그렇지 않은 자는 '내가 이 일을 할 수 없는 이유'를 찾아 핑계를 대는 데 에너지를 다 쓴다. 만약 주식투자에 실패한다면 대부분의 사람들은 이렇게 말할 것이다. "거봐, 난 안 돼. 괜히 했어." 그리고 다시는 주식에 손을 대지 않겠다고 다짐한다. 그러나 부자가 되는 사람들은 '그래도 좋은 경험을 얻었다.', '이번에 왜 실패했는지 알았으니 다음엔 실패하지 않을 거야'라고 생각한다.

운의 방향을 좋은 쪽으로 돌리고 싶다면 모든 일을 긍정적으로 생각해야 한다. 실제로 성공한 사람들, 부를 누리는 사람들의 마인드가 그렇다. 이는 사람을 대할 때도 마찬가지다. 부자들은 누구를 만나든 그 사람의 긍정적인 면을 먼저 보고자 노력한다. 우리는 그런 마음가짐을 배워야 한다.

긍정적으로 생각하고 낙관적인 태도를 취할 때, 훨씬 많은 이득을 얻게 된다. 물론 부정적인 생각 자체가 습관이라 쉽게 고쳐지는 것은 아니지만, 부정적인 생각들은 우리의 에너지를 낭비하고 우리의 힘을 모두 앗아간다. 이렇게 악영향을 끼친다는 것을 알면서도 부정적인 생각을 멈추는 게 쉽지 않다면, 반대로 이렇게 생각해 보는 건 어떨까? '어차피 좋은 날은 없다'고 말이다.

1년 중 좋은 날이 얼마나 될까? 어차피 완벽한 날씨는 없다. 365일 중 단 하루도 말이다. 날씨가 맑지만 미세먼지가 많거나, 미세먼지는 없지만 구름이 많이 끼거나, 다 좋은 데 비가 온다거나, 너무 덥다거나. 그렇지만 그 와중에 성공하는 사람들은 이런 생각을 한다. "구름이 많이 끼긴 했지만, 미세먼지가 없잖아?" "비가 많이 오는 것도 꽤 운치가 있네."

마찬가지로 어차피 단 하루도 완벽히 긍정적인 날은 없다. 그러니 그 날에 맞는 '긍정적'인 생각을 하면 된다. 세상은 내가 보고자 하는 것만 보여주기에, 무슨 상황이든 긍정적인 쪽으로 시선을 돌리면 그런 날이 된다. 어차피 365일 중 완벽한 날은 단 하루도 없다.

3장

실전 럭셔리 마케팅

80평짜리 주택에
왜 방이 2개밖에 없을까

럭셔리 주택에서 방은 몇 개나 필요할까

◆◆◆

기획자로서 향후 전망 있는 고급 주택, 초호화 럭셔리 주택 건설 프로젝트를 진행하고 있을 때였다. 금호건설에서 전문성 있는 이야기를 들려달라고 내게 강의를 제안해왔다. 그래서 한 시간가량 부사장을 비롯한 임원들, 건축디자이너, 건축설계사 등으로 구성된 전 직원 앞에서 강의를 진행했는데, 그때 사람들이 가장 궁금해했던 것은 바로, '부자들은 정말 어떤 집을 원하는가?'였다.

일반적으로 우리가 '좋다'고 이야기하는 집의 조건은 무엇일까? 뷰가 좋고, 집과 집 사이의 거리가 멀어 조용하고, 치안이 좋은 곳일까? 누군가에게는 교통이 편리한 곳일 수 있고, 또 누군가에게는 창이 커서 통풍이 잘되는 곳, 아니면 수납공간이 많은 곳일 수도 있다. 또 대체로 채광이 좋은 남향을 선호할 것이다.

사람들의 일반적인 생각과 달리, 사실 부자들은 북향에 산다는 사실을 알고 있는가? 강남에서 강북을 바라보면 한강이 보인다. 이는 북향이다. 그리고 부자들은 사실 채광이나 다른 것보다도 '커뮤니티'를 가장 중요하게 여긴다. 옆집에 누가 사는지, 내 이웃 중 혹 이상한 사람이 있지는 않은지 등등 말이다.

그 당시 금호건설에서 진행하려고 했던 주택은 한강 조망권이 있는, 세계적인 디자이너가 설계한 럭셔리 주택이었다. 건설사 직원들의 고민 중 하나는 '방의 개수를 몇 개나 만들어야 할까? 부자들에게는 몇 개의 방이 필요할까?'였다.

으레 넓은 집이면 방의 개수도 그만큼 많아질 것이라고 생각하지만, 100평짜리 집인데도 불구하고 방이 1개나 2개밖에 없는 펜트하우스가 수두룩하다. 방을 최소화하는 대신, 거실을 넓게 만들어서 탁 트인 조망권을 확보하고, 주방에 더 많은 신경을 쓰는 것이다. 이게 그 당시 통상적인 건축설계사들의 개념이었다.

나는 그 강연장에서 이런 편견을 깨버렸다. 적어도 방 개수가 4개는 되어야 한다고 이야기했기 때문이다. 그 자리에 모인 사람들이 굉장히 놀라워했다. 이 정도의 비싼 저택을 살 수 있는 사람은 대부분이 자식을 다 키워놓은 50~60대이니 방은 2개 정도면 된다고 생각했기 때문이다. 부부 침실 하나, 서재 하나 정도면 되지 않느냐고 말이다. 나는 부자의 입장에서 보지 않기 때문에 그렇게 보이는 것이라고 반박했다. 그리고 다음과 같이 설명했다.

60대 부부 둘이 살고 있는 슈퍼리치의 집은 다음과 같아야 한다.

첫째, 부부 침실은 설명할 필요도 없이 당연히 있어야 한다.

둘째, 서재 공간도 당연히 필요하다. 보통 남자의 개인 공간을 이야기한다.

셋째, 취미 공간이 있어야 한다. 서예 또는 그림 등 취미 활동을 하는 공간을 말하는 것으로, 여자의 서재인 셈이다. 때로는 자녀와 따로 살거나 혹은 유학 가서 1년에 한두 번 오더라도 이들을 위한 공간을 제공할 수 있어야 한다.

마지막으로 이 부분이 중요하다. 넷째, 일하는 아주머니의 방이 있어야 한다. 그분이 상주해서 살지는 않더라도, 집에서 밥하고 일을 하면서 쉴 수 있는 공간이 무조건 있어야 한다. 대부분 이런 방은 주방이나 현관 바로 옆에 있는 경우가 많다. 동선 자체가 호스트와 섞이지 않는 것이다. 부부의 침실이나 거실, 서재, 취미 공간과 떨어져서, 주방으로만 동선이 이어지는 설계가 서로를 위해서 반드시 필요하다.

강의를 마치자, 쉴 새 없이 질문이 쏟아졌다. 첫 질문은 부사장의 질문이었다. "방의 개수를 최대한 줄이고 거실을 더 넓게 뽑아내는 것을 부자들이 더 좋아하지 않을까요?" 물론 그럴 수도 있다. 사람 나름이다. 넓은 거실을 선호하는 사람이 당연히 있겠지만, 반대로 방 개수가 많다고 싫어하는 사람은 없다.

대표적인 경우로, 최근 지어진 롯데타워 시그니엘 레지던스는 56~80평도 방이 2개밖에 없다. 심지어는 100평도 방이 3개밖에 되지 않는다. 그런데 연예인 모 씨가 이 집을 구입하고는, 방이 2개뿐이어서 모자라다고 생각해 바로 옆집을 하나 더 샀다고 한다. 현재 그는 그렇게 두 집, 총 방 4개를 쓰고 있다.

일반 아파트는 아니지만 한솔건설에서 만든 당시 강북 최고가 분양으로 눈길을 끌었던 '상림원'도 마찬가지다. 덕수궁이 내려다보이는 위치인데 80평대에 방이 고작 2개다. 90평대도 마찬가지다. 그곳의 입주민 중 한 명은 너무 방이 없어서 거실을 줄인 후에 방으로 만들었다고 한다. 최근 지은 방의 개수가 적은 주택들의 경우 입주민들이 가벽을 이용하는 경우가 늘어나는 추세다. 고객의 요청에 따라 거실의 크기를 넓히거나 방으로 만드는 경우인데, 대부분 방을 하나 더 만들어달라는 요청이 많다.

요즘 고급 주택 트렌드를 보면 거실을 넓게 만들고 방 개수를 최소로 줄이고 있다. 하지만 내 생각은 다르다. 방의 개수를 줄이더라도 최소한 4개는 있어야 한다. 방이 많다는 것은 그만큼 활용 가치가 넓다는 의미가 된다. 거실이 조금 좁더라도 차라리 방의 개수를 늘리는 것이 오히려 더 좋은 방법이다.

시대에 따라 '고급 주택'의 기준도 명품과 같이 변화하기 마련이다. 과거에는 고급 주택이라고 하면 무조건 대리석 바닥을 선호했다. 하지만 대리석 바닥은 막상 살아보면 불편한 점이 꽤 많다. 청소나 관리가 어려울 뿐 아니라 위험하기까지 하다.

그래서 요즘 고급 주택을 가보면 전부 대리석보다는 원목 바닥도 많이 사용하고 있다. 때로는 대리석과 원목을 같이 사용하기도 한다. 단순하게 '부자들은 고급스러운 대리석 바닥을 좋아하지 않겠어?' '부자들은 넓은 거실을 좋아하지 않겠어?'라는 생각만 가져서는 안 된다. '정말 그곳에서 생활하게 될 사람들이 어떻게 해야 이 공간을 더 편안하게 느낄 수 있을까?', '내가 이곳에서 생활을 한다면 정말 좋을까?' 등의 질문을 던지며 '고객의 입장'이 되어 생각해야 한다.

부자를 유혹할
럭셔리 모빌리티의 미래

모빌리티에 관심을 가져라
◆◆◆

1967년 뉴욕에서 처음 실시한 이래로, 매년 새해 1월이면 라스베이거스에서 '국제 가전제품 박람회(International Consumer Electronics Show)', 일명 CES가 열린다. 2020년에 열린 CES의 등록자 18만 명 중 한국인 등록자는 약 9,000명 정도였다. 전체 4,500개가량의 기업이 참가했는데, 우리나라는 390개 기업으로 미국, 중국에 이어 세 번째 규모였다. 일본의 경우 73개 기업이 참여한 것을 보면 우리나라가 IT강국의 소리를 들을 만하다는 생각이 든다.

삼성전자와 LG전자의 AI(인공지능)와 IoT(사물인터넷) 기술을 탑재한 최첨단 냉장고부터 TV 등 홈 가전, 5G 헬스케어, 로봇을 활용한 홈 케어가 각광을 받았다. 하지만 단연 두각을 드러낸 분야는 모빌리티였다. 그중에서도 나는 럭셔리 자율주행을 내세운 BMW i3에 주목했다.

실내를 호텔 스위트룸처럼 꾸민 콘셉트카 BMW i3 어반 스위트(Urban Suite)는 앞으로 자율주행 시대를 대비한 차라는 느낌이 들었다. 자율주행의 시대에는 차 안이 최대한 편안하고 엔터테인먼트적 요소를 다양하게 갖춘 차가 경쟁력이 있다. BMW i3 어반 스위트는 운전석과 대시보드를 제외한 모든 부분을 변경해 좌석을 줄이고 차량 안에서 편안한 휴식을 취하거나 업무에 집중할 수 있는 환경을 조성했다.

사실 BMW의 콘셉트카는 소형 전기차이며 BMW는 미래에는 이동하는 데 차량의 크기는 상관없다고 말한다. 하지만 내 생각으로는 앞으로 자율주행 시대를 맞이해 슈퍼리치들의 차들은 훨씬 커질 것으로 예상된다. 더 많은 편리성을 갖추고, 큰 공간에 럭셔리하게 차량 실내 내부를 장식한, 고급스러운 이동 수단이 될 것이다.

CES 2021은 사상 최초로 100% 디지털로 진행되어 기술 업계 최대 규모의 디지털 이벤트라는 기록을 세웠다. 우리나라는 미국에 이어 두 번째로 많은 340개 기업이 참가했다. CES 2021에서 가장 돋보인 분야도 CES 2020과 마찬가지로 모빌리티였다.

GM은 2025년까지 전기차와 완전자율주행자동차 개발에 270억 달러를 투자하겠다고 밝혔다. 현대차와 우버는 도심항공 모빌리티를, 도요타는 수소 기반 미래 도시 우븐시티(Woven City)를 선보였다. 메르세데스 벤츠는 인간, 기술, 자연의 상호작용을 콘셉트화했다. 삼성전자와 LG전자도 미래 모빌리티 시장 공략에 나섰다.

개인 전용 비행기를 타고 골프 치러 오는 사람들

◆◆◆

신세계 정용진 부회장의 출퇴근용 차량이 화제가 된 적이 있었다. 그는 판교 고급 주택단지에서 20인승 벤츠 미니버스를 타고 버스 전용도로를 이용해서 출퇴근했다. 혼자 타고 가는 차가 버스 전용도로를 이용할 수 있는가 하는 문제를 가지고 네티즌들이 공방을 벌이기도 했다. 20인승 이상의 차량은 혼자 타고 가도 버스 전용차로를 이용하는 데 법적으로 문제가 없어 정체로 인한 시간을 낭비하지 않기 위한 것으로 보인다.

미래에는 슈퍼리치에게 이런 문제가 없어질 것 같다. CES 2020에서 현대자동차는 PAV(Personal Air Vehicle), 즉 개인용 비행체 S-A1을 전시했다. 우버와 협력해 만든 S-A1은 전기추진 수직이착륙(eVTOL, Electric Vertical Take-Off and Landing)이 가능한 모델이다. S-A1은 조종사를 포함해 총 5명이 탑승할 수 있으며 8개의 프로펠러를 장착하고 약 100km를 비행할 수 있다. 현대차는 도심항공 모빌리티를 2028년까지 상용화시키겠다고 말했다.

CES 2021에서 선보인 GM의 캐딜락 eVTOL은 1명이 탑승할 수 있는 항공기로 최대 시속 90km의 속도로 비행할 수 있으며 전기 배터리로 구동되고 조종사가 필요 없이 항공기 스스로 목적지까지 날아갈 수 있다고 한다.

빅리치의 전용 비행기

◆◆◆

지금도 개인 전용 비행기를 가진 부자들이 많다. 남해에 골프 리조트 프로젝트를 진행하고 있을 때였다. 빅리치 고객 중에 한 명이 다음 주에 골프를 치러오겠다는 연락을 했다. 남해의 골프장에 오려면 사천 비행장을 이용해야 하는데 비행기가 아침 저녁으로 하루 2번밖에 운행하지 않는다. 그래서 다음날 아침 비행기를 타고 오면 모시러 가겠다고 말했더니 금일 오후 3시쯤 도착한다고 해서 깜짝 놀랐다. 전용 비행기를 타고 올 것이라는 생각을 못했기 때문이다.

이렇듯 국내에도 이미 개인 전용 비행기가 이용되고 있다. 이제는 공항까지 나가는 수고로움과 번거로움이 사라질 날도 멀지 않은 듯하다. 2028년이면 얼마 남지 않았다. 미래의 빅리치들의 라이프 스타일을 지금부터 예측해야만 럭셔리 마케팅에서 성공을 거둘 수 있다. 한시라도 빨리 빅리치들의 변화하는 욕망을 잡을 수 있는 준비를 해야만 한다.

럭셔리 멤버십 마케팅의
성공 요인

신라 호텔과 하얏트 호텔 사이에 낀 타워 호텔

◆◆◆

호텔 멤버십 마케팅에서 가장 럭셔리한 멤버십 마케팅을 꼽으라면 단연 반얀트리 멤버십을 꼽을 수 있다. 40년 된 서울 남산 자락의 타워 호텔이 2010년 리모델링을 통해 5성급 호텔의 '반얀트리 클럽 앤 스파 서울'로 럭셔리 소셜 클럽을 표방하며 새롭게 탄생했다.

사실 처음 타워 호텔을 매입한 디벨로퍼는 이곳에 고급 주거 단지를 조성할 생각이었다. 타워 호텔이 매각되었다는 소식을 들은 지 얼마 안 되었을 때, 타워 호텔을 매입했던 부동산 디벨로퍼 회사 관계자가 컨설팅을 받으러 나를 찾아왔다. 본인의 회사에서 현재 타워 호텔 계약을 한 상태고 이곳에 최고급 주택 단지를 조성해 한국의 비벌리힐스를 만들 예정이라고 했다. 한 채당 80억에서 100억짜리 고급 빌라 80세대 정도를 생각하고 있다며 같이 프로젝트에 참여할 것을 제안했다.

당시 이곳에 주택이 지어지면 사고 싶어 하는 슈퍼리치가 꽤 있다는 사실을 알고 있어서 컨설팅을 요청한 그 업체에 가능성이 있다는 답변을 보냈다. 그러나 얼마 지나지 않아 그곳은 주택 건축 허가가 불가능하다는 사실을 알게 되었다. 주택을 지을 수 없으니 호텔 신축으로 방향을 돌렸지만 신축 허가도 불가능한 상황이었다. 고민을 거듭한 끝에 디벨로퍼는 리모델링을 하기로 결정했다.

리모델링을 위해 세계적인 고급 리조트와 스파로 유명한 '반얀트리' 브랜드를 들여왔다. 기존 타워 호텔의 218개 객실은 55~537㎡ 크기의 스위트급 50객실로 줄었고, 모든 객실에는 미니 수영장인 '플런지 풀'이 설치됐다. '도심 속의 리조트'를 표방한 럭셔리한 호텔로 재탄생한 것이다. 이에 걸맞은 고급 클럽을 표방하며 반얀트리 클럽 멤버십을 만들었다. 호텔 피트니스 이용은 물론 회원 전용 레스토랑 바까지 만들어 말 그대로 회원 전용 클럽 호텔이라는 이미지를 만들려고 했다.

당시 타워 호텔 이미지는 고급 호텔의 이미지가 아니었다. 그도 그럴 것이 왼쪽으로는 신라 호텔, 우측 가까운 곳에는 하얏트 호텔이 있었기 때문이다. 고급 호텔들 중간에 끼어 있는 호텔이어서 고급 소셜 이미지의 호텔 멤버십을 시도하기는 쉽지 않은 상황이었다. 피트니스 고급 멤버십으로는 신라 호텔이 이미 유명했고, 젊은 재벌 2세들은 하얏트 호텔 멤버십을 선호했다.

리모델링 비용으로 2천억 원을 들여가며 야심 차게 멤버십을 준비했지만, 이러한 환경적인 여건 때문에 고민이 깊어질 수밖에 없었다. 더욱 강력한 마케팅이 필요한 시점이었다. 고민 끝에 나온 것이 다음 2가지 방법이었다.

명확한 타깃팅

◆◆◆

첫 번째로 멤버십의 타깃층을 정하는 것부터 시작되었다. 젊고 활발히 사회 활동을 하는 전문직이나 재벌 2세를 주요 타깃으로 선정했다. 더 정확하게는 '어린 자녀가 한두 명 있는 젊은 부부'가 핵심이었다. 소위 전문직에 있는 사람들은 이미 다른 호텔의 멤버십을 갖고 있는 경우가 대부분이기 때문이다. 그런데 보통 특급 호텔들의 경우 어린이나 유아를 동반하고 운동과 멤버존을 즐기는 것은 힘든 경우가 많다.

반얀트리 호텔은 이 점에 착안해 1세에서 6세까지 유아를 동반할 수 있는, 더 나아가 자녀의 학습에 도움이 되는 호텔이라는 점을 강조했다. 유명 사진작가를 초청해서 아이들에게 사진 촬영을 가르치고, 유명 축구선수를 초청해서 아이들에게 축구를 가르치기도 했다. 그렇게 젊은 상류층 부부를 위한 멤버십은 어린 자녀를 둔 엄마들 사이에서 굉장한 인기를 얻게 되었고, 이 멤버십에 끼지 못하면 자녀가 소외당할 것 같은 느낌마저 주게 되었다. 주요 타깃층을 명확하게 잡은 패밀리 비즈니스가 첫 번째 마케팅 성공 요인이었다.

사전 마케팅

◆◆◆

두 번째 성공 요인은 사전 마케팅을 극대화한 것이다. 리모델링 기간이 최소 1년 이상 걸리는 상황에서 사전 모집을 하는 것은 쉬운 일이 아니었다. 그래서 실질적으로 리모델링이 들어가기 전에 기존의 수영장부터 리모델링했다. 곧 부숴야 함에도 불구하고 거금을 들여서 럭셔리한 풀파티를 할 수 있는 멋진 장소로 탈바꿈하기 위한 것이었다.

아티스트를 불러 공연을 기획하거나 풀파티를 기획하는 등 다양한 행사를 열어 본격적으로 리모델링이 들어가기 전에 고객들을 초청했다. 그리고 창립 회원을 선착순으로, 우선적으로 모집한다고 알렸다. 창립 회원 사전 마케팅 전략은 새롭게 오픈하는 특급 호텔들이 많이 쓰는 전략이다.

반얀트리 호텔 창립 회원가는 9천만 원에 시작했다. 1차는 1억 원, 2차는 1억1천만 원 등으로 순차적으로 가격을 높여 빨리 가입하지 않으면 손해를 보게 된다며 고객의 불안감을 자극하는 방법을 적절히 이용했다. 이러한 방법은 최근 광화문 포시즌 호텔 등에서도 멤버십 모집에 사용한 전략이다. 이 전략은 들어맞았고, 목표한 창립 회원을 거뜬히 모집할 수 있었다.

호텔이 본격적으로 리모델링 공사에 들어갔을 때 또 다른 새로운 전략을 세웠다. 청담동 쪽에 반얀트리 모델하우스를 만들었던 것이다. 사실 호텔 멤버십 회원을 모집하면서 모델하우스까지 만든 건 상당히 이례적인 일이다. 1층은 럭셔리한 반얀트리 호텔의 미래 모습을 볼 수 있도록 마련해두고, 2층에는 고급 레스토랑을 만들었다. 멤버십 회원은 무료로 지인들까지 데려와 식사를 할 수 있고, 와인을 직접 가지고 와서 먹을 수도 있었다. 유명 가수들을 불러 종종 파티를 벌이고 반얀트리 멤버십 회원으로서 자부심을 느낄 수 있도록 럭셔리한 '회원 전용' 공간을 만드는 데 힘썼다.

또 정식 오픈 전부터 멤버십 회원들을 위한 잡지를 매달 발행했다. 해외의 유명 여행지, 상류층 세계에 관한 이야기 등 상류층들이 좋아할 만한 콘텐츠를 제공하는 잡지를 만들어 발송하곤 했는데, 이러한 서비스는 정식 오픈 전에도 고객들을 안심시키는 역할을 했다. '이 멤버십 회원이 되면 이러한 혜택을 누릴 수 있다'는 인식을 심어준 것이다.

브랜드 마케팅에서는 고객들에게 기대되는 이미지와 환상을 심어주는 것이 중요하다는 사실을 잘 알고 있었던 것이다. 그래서 나름 성공적으로 멤버십 회원을 모집할 수 있었다.

마케팅 전략적인 관점에서 보면 정말 훌륭한 전략이 아닐 수 없다. 이러한 실행이 가능했던 이유는, 오너가 오히려 마케팅을 잘 몰랐기 때문인 것도 있다. 즉, 모든 각 분야를 완벽하게 지원하고 최고 전문가들에게 전적으로 믿고 맡겼기 때문에 가능한 일이 아니었을까.

대부분 오너들은 그렇게 하지 않는다. 실패한 사례들을 살펴보면 오너들의 입김이 센 경우가 많다. 본인이 모든 것을 안다고 생각하는 순간부터 광고, 마케팅 등 모든 분야가 힘들어지고 실패의 터널로 들어간다는 것을 알았으면 좋겠다.

실패 사례로
배우는 교훈

유일무이한 멤버십을 시도하다

◆ ◆ ◆

그동안 마케팅 대행을 해오면서 내가 기획한 프로젝트가 항상 성공했던 건 아니다. 오히려 실패가 많았다고 하는 게 맞는 말이다. 그러한 실패들의 원인이 무엇인지 생각해본 적이 있다. 여러 실패 사례 중 가장 먼저 떠오르는 것은 바로 차병원그룹의 '차움 마케팅'이다.

차움(CHAUM)은 동양 최대의 안티에이징 센터다. 이곳은 건강검진, 맞춤형 운동, 맞춤형 식단 등을 제공하고, 국내에서 가장 큰 규모의 스파가 구비되어 있는 곳이다. 또한 가장 중요한 것이 운동이어서 굉장히 럭셔리한 스포츠센터와 수영장, 고급 사우나까지 마련되어 있다.

초기에 차움의 선두적인 역할을 했던 전세일 박사의 의견에 따르면, 인간이 애초에 갖고 태어난 수명은 약 120세라고 한다. 그런데 인간이 100년도 채 살지 못하고 죽는 이유는 몸에 나쁜 것들을 많이 하기 때문이다. 몸에 맞지 않는 식사, 술, 담배 등의 이유로 어떤 이들은 팔십, 어떤 이들은 칠십, 이렇게 수명이 짧아진다는 것이다. 그러나 오래 사는 것보다 더 중요한 것이 있으니, 그것은 아프지 않고 '건강하게' 사는 것이다. 그러한 목적으로 만들어진 곳이 바로 '차움'이었다.

'차움'은 병을 사전에 '예방'하는 것을 가장 주된 목적으로 한다. 이러한 예방 의학을 적용해서 사람들이 건강하고 오래 살 수 있도록 한의학과 양의학을 통합한 기존에 없었던 '예방의학전문' 병원이 목적이었다. 그러기 위해 센터를 짓는 데에만 2천억 원 가량의 많은 예산이 필요했다. 이 비용을 감당하기 위해 멤버십 프로젝트를 진행하기 시작했다. 국내에 현존하는 회원권 중 가장 비싼 금액을 받자는 의견이 있었는데, 나는 너무 비싼 가격을 책정하는 것에 반대하는 입장이었다. 절충안으로 결정된 금액은 보증금 1억 7천만 원, 연회비 480만 원이었다. 이에 대한 혜택으로 건강검진, 피트니스센터, 스파 등을 제공하는 국내 최고급 유일무이한 예방 의학 멤버십이었다.

고객에게는 쉽게 설명해야 한다

◆◆◆

예방 의학이라는 말이 생각 외로 쉬운 말이 아니다. 또한 당시에는 안티에이징, 파워에이징이라는 용어도 생소했다. 그래서 초기에 용어로 우왕좌왕하기도 했다.

어쨌든 국내 최고급 멤버십을 표방해서 고가로 회원권 가격이 형성되었고, 이를 바탕으로 마케팅을 시작했다. 보통 이러한 고가 멤버십 마케팅을 할 때는, 공개적으로 하는 것보다는 오픈을 앞두고 이를 살 수 있을 만한 능력이 있는 고객들을 초청하는 방법이 효과적이다. 오픈 전 매주 화요일마다 삼성동 파크하얏트 호텔에 30명가량을 초청해 사업설명회를 열었는데, 생각보다 반응이 썩 좋지 않았다. 지금 돌이켜보면 그도 그럴 것이, 기존에 경험해 보지 못한 멤버십이었기 때문이다. 설명회에 온 고객들도 '이게 뭔가' 하는 표정이었다. 멤버십을 설명하는 것 자체가 어려웠다. 첫 번째 마케팅의 실패 원인은, 바로 고객에게 '쉽게 설명하지 못했던 것'이었다.

나는 평소 직원들에게, 고객에게 이야기할 때나 프레젠테이션을 할 때 초등학생도 알아들을 수 있는 쉬운 언어를 사용해야 한다고 이야기한다. 그런데 차움 프로젝트를 진행하면서, 기존에 없었던 새로운 무언가를 시도할 때는 훨씬 더 '쉽게' 설명해야 한다는 교훈을 얻었다. 차움 프로젝트의 경우 줄기세포 등 병원의학용어를 사용하니 고객 입장에서는 더욱 어렵게 느껴졌을 것이다. 병원이라는 타이틀을 갖고 있지만 일반적인 병원과 사뭇 다르고, 양방과 한방이 섞여 있는 데다, 스파에 스포츠 센터에, 식품 치료까지 분명 기존에 없던 공간인 것은 틀림없었다. 그래서 이를 쉽게 설명하고 이해시키는 데 어려움이 따랐고, 이 때문에 초반 멤버 모집 시 큰 어려움이 따랐다.

비슷한 예로, 제주도 서해 아덴힐을 들 수 있다. 고급 주택을 구입하면 주택 내에 18홀 골프장을 언제든지 쓸 수 있는, 소위 말해서 주택 소유 세대만의 골프장이라고 명명하고 주택 분양을 했다.

하지만 국내에서는 처음 시도되는 프로젝트여서 사람들에게 주택과 골프장 회원권을 합쳐서 구매한다는 개념으로 받아들여졌고, 결국 초기 분양에 실패했다. 서해 아덴힐은 이때의 실패를 교훈삼아 상품을 새로 재구성해 성공을 거둬냈다.

다시 한번 강조하지만 고객에게 설명할 때는 항상 초등학생도 알아들을 수 있는 수준의 언어를 사용해야 한다.

차별화에 실패하다

◆◆◆

럭셔리 상품은 차별화가 관건이다. 일반 고객과의 확실한 차별화를 해야 VIP 고객은 만족할 수 있다. 그러나 차움은 일반 고객과의 특별한 차별점이 모호했다. 일반인들도 똑같이 건강검진을 하고 관리받을 수 있었기 때문에 피트니스와 사우나를 회원만 이용한다는 것만으로는 VIP 상품으로 홍보하기 쉽지 않았다. 또한 병원이라는 특수성 때문에 공개적으로 홍보를 할 수 없었던 것도 실패의 한 원인이었다.

실패의 또다른 이유들

◆◆◆

세 번째 실패 원인은 바로 '고가'였다는 것이다. 차병원의 경우 국내에서 가장 럭셔리한 고가 멤버십이라는 타이틀을 만드는 데에만 신경을 기울인 나머지, 고객들에게 이 금액이 어떻게 와닿을지에 대해 미처 생각하지 못했다. 제주도 아덴힐 역시 마찬가지였다. 소비자 입장에서는 아무리 고가라고 하더라도, 소비자가 납득할 수 있는 금액 안에서 가격이 형성되어 있어야 하는데, 그때 당시의 가격으로서는 너무 높은 금액이었다.

무엇보다 마케팅팀과 임원진과의 '소통의 부재'가 또다른 실패의 원인으로 작용했다. 함께 협업해 일해야 하는데, 실무는 실무대로, 홍보는 홍보대로 따로 움직였다. 그러다 보니 서로에 대한 믿음 또한 부족했다. 이제껏 내가 성공시켰던 프로젝트를 돌이켜보면, 서로에 대한 믿음이 있었고 원활한 소통이 가능했다. 뭐든지 시간이 걸리는 법인데, 너무 서둘렀던 것 또한 실패의 한 이유이기도 하다.

현재 차움의 회원권은 다음과 같이 바뀌었다.

- 보증금 5,000만 원, 연회비 440만 원
- 베네핏 센터 이용 가능, 운동지도 4회, 테라 스파 3회, AK 자세 발란스 체크업 1회, 정밀 건강검진, 수영장, 사우나, 피트니스 자유롭게 이용 가능

코로나19 이후의
럭셔리 마케팅 전략

코로나19 사태가 부추긴 명품에 대한 욕망

◆◆◆

코로나19 사태 이후 명품에 관한 첫 국내 뉴스는 샤넬 매장 '오픈런'이 장식했다. 샤넬이 2020년 5월 14일부터 주요 핸드백 제품군의 가격을 인상할 것으로 알려지자, 사람들이 백화점 개장 시간 전부터 밖에서 줄을 섰다가 문이 열리자마자 매장으로 달려가는 '오픈런'이 벌어진 것이다.

5월 22일에는 성수동 서울 아크로포레스트 아파트 3가구 무순위 청약에 26만여 명이 몰렸다. 분양가가 최소 17억 원에서 40억 원이 넘는 고분양 대형 평형 위주였지만, 무순위 청약 사상 역대 최고 경쟁률을 기록했다. 김포의 명품 아울렛 매장인 현대

아울렛 매장에도 구찌 등 명품 매장에는 줄 서 있는 모습을 흔히 볼 수 있다.

코로나19 사태 이후에 백화점 매출을 보면 전체 매출은 줄었지만 수입명품 매장은 오히려 매출이 늘었다. 해외로 못 나가기 때문에 국내에서 소비가 늘었던 점도 있고 보복심리라는 이야기도 나온다.

대부분의 국내의 매출이 줄어든 상황에서 유독 명품들은 코로나도 이길 정도의 매출을 올린 것은 어떻게 설명되어야 할까? 결국 명품에 대한 욕망은 사회적 상황에 상관없이 항상 존재한다는 것을 알 수 있다.

VIP 고객을 대상으로 하는 럭셔리 마케팅 전략은 정말 다양하다. 그중에서도 '초럭셔리 마케팅' 전략 중 하나는 바로 고객을 한 명 또는 극소수만 초대해 론칭 행사를 오픈하는 'Private Marketing'이다. 자사 제품에 관심이 있고 소비력을 갖춘 소수의 고객들을 대상으로 보다 밀착된 맞춤형 서비스를 제공한다. 직접 소비자를 찾아가거나 그들을 위한 공간을 만들어 제공하는 등 특별한 서비스가 특징이다.

고급 소비자를 위한 특별한 공간

◆ ◆ ◆

국내 백화점들은 'P-데이 쇼핑'이라는 행사를 많이 하고 있다. 압구정 갤러리아, 롯데 에비뉴엘 등 소위 명품 백화점들이 백화점 휴무일에 맞춰 초청된 VIP 고객만 쇼핑할 수 있도록 만든 VIP 마케팅이다. 하지만 앞으로는 초청된 소수의 고객들만 쇼핑하고 동선 자체를 타 고객과 겹치지 않게 하는 VIP P-데이 행사가 일반화될 수도 있을 것 같다.

지금은 없어졌지만 압구정동에 조니워커 하우스(Johnnie Walker House)가 있었다. 이곳에서는 조니워커라는 양주만 팔았는데, 맨 위층에서는 고급 식사를 할 수 있었고 지하에서는 멤버십 바를 운영했다.

프랑스 주류 브랜드 페르노리카 코리아도 청담동에 전용 매장 '매종 페르노리카'를 운영하고 있다. 이곳에서는 앱솔루트 보드카, 발렌타인 등 자사의 제품을 자유롭게 즐길 수 있는 것은 물론, 다양한 문화 행사가 개최되기도 한다. 고객들은 이곳에서 4~5명 규모의 VIP 모임부터 20~30명 규모의 위스키 테이스팅 클래스, 칵테일 클래스 등을 즐길 수 있다.

이처럼 고급 소비자들을 위한 특별한 공간을 만들어 소수의 VIP 공간으로 활용하는 공간의 레스토랑 및 바(Bar) 역시 많아질 것으로 생각된다.

초럭셔리 마케팅을 준비하자

◆◆◆

그동안 이렇게 많은 프리미엄 브랜드가 프라이빗 마케팅을 통해 브랜드에 대한 색다른 경험을 제공하며 타깃층의 충성도를 높일 수 있도록 노력해왔다. 입소문을 통한 광고 효과로 매출 상승까지 이어지도록 유도해왔으며, 이는 초럭셔리 마케팅 전략으로 손색이 없는 방안이었다. 지금까지는 말이다. 이제껏 프라이빗 마케팅은 하이엔드 계층만 누릴 수 있는 혜택이었기 때문이다. '아무나 누릴 수 없는' 서비스라는 점에서 소비자들에게 만족감을 줄 수 있었고 성공적인 효과를 누려온 것이다.

지금은 상황이 좀 달라졌다. 코로나19 사태 이후로 마케팅 시장 역시 변화가 생기게 될 것으로 전망된다. 많은 사람이 모이는 곳에 가기 꺼려지는 사회적 분위기에 따라 변화를 원치 않더라도 프라이빗한 응대를 추구하게 될 수밖에 없다. 빅리치뿐 아니라 어느 정도 구매력이 있는 리치 고객이나 상위 고객에게도 앞으로는 소규모로 응대할 가능성이 높다. 다시 말하자면 초럭셔리 마케팅이 일반화될 가능성이 높다는 말이다.

프라이빗한 응대가 일반화된다면, VIP들에게는 이제껏 해오지 않은 또 다른 '빅(Big) 럭셔리 마케팅' 방법을 연구해야 하지 않을까. 현재도 많은 백화점들이 VIP 멤버십 회원들을 위한 공간에 많은 노력을 기울이고 있다. 앞으로 이러한 공간은 더 많아질 것으로 예상된다. 예를 들어 백화점 한 층을 아예 VIP존으로 만들어 최소한의 사람들만 출입해서 편하게 쇼핑할 수 있는 것을 만들 것 같다. 이제 그런 준비를 할 시기가 온 것 같다.

MZ리치
마케팅

MZ리치는 어떻게 부를 창출했는가

◆◆◆

예전에는 '뉴머니(New Money)'라고 불리던 신흥 젊은 부자층을 요즘은 '영앤리치(Young And Rich)'라고 부른다. 영앤리치 중에서도 특히 더 젊은 세대를 일컬어 'MZ리치'라고 하는데, 이들은 모바일에 친숙하고 디지털에 능해 정보가 빠르고 콘텐츠를 대량 소비하는 MZ세대의 특징을 지녔다. 이러한 특징을 바탕으로 MZ리치들은 기존과는 다른 방식으로 부를 창출해내며 오늘날 대한민국 부자의 한 축을 당당히 차지하고 있다.

우선 인플루언서로서 활동하며 막대한 부를 축적하게 된 MZ리치들이 있다. 이들은 인플루언서로 활동하며 높은 광고 수입을 올릴 뿐만 아니라 직접 판매에도 뛰어들어 엄청난 매출을 달성하기도 한다. 평범하게 옷 잘 입는 사진을 찍어 올리다가 인기를 얻어 수십억 원의 매출을 올리는 슈퍼 인플루언서가 되기도 하고, 아나운서로 유튜버 활동을 시작했다가 인기 유튜버가 되어 이를 본업으로 삼는 경우도 있다. 오늘날 MZ리치 중 상당한 비율을 차지하고 있는 것이 바로 이 '인플루언서' 리치다.

또한 디지털을 매개로 신흥 투자에 능력을 발휘해 부를 축적하게 된 MZ리치들도 많다. 특히 코로나 시대에 불어닥친 '투자' 열풍 속에서 MZ세대들은 그들이 친숙한 SNS, 유튜브, 커뮤니티 등에서 새로운 투자 정보를 빠르게 획득하며 코인 등 기존에 없었던 신흥 투자처를 발굴해나갔다. 이러한 과정에서 막대한 수익을 거두며 부를 축적한 MZ리치들이 생겨났다.

대학 졸업 후 첫 직장으로 네이버에 다녔던 대학 후배는 그 후 IT게임 회사에서 2~3년 근무를 했고 게임 투자 회사로 옮겨 일하면서 스타트업 회사를 IPO(상장)시키는 업무를 배웠다. 몇 년 뒤 미래 가치가 유망한 한 회사를 직접 발굴해 투자했으며 이 회사는 3년 만에 수천억 원의 회사로 성장했다. 후배는 투자금을 회수해 엄청난 현금을 거머쥘 수 있었고, 이때 그의 나이는 만 32세였다. 지금은 국내 투자 컨설팅 업무를 병행하며 해외에 투자할 새로운 아이템을 찾고 있다고 한다.

최근에 만난 신한은행과 우리은행 PB(Private Banking)센터 전문가들에 의하면, 기존에는 젊은 PB고객은 극히 소수였다고 한다. 그러나 지금은 약 20% 정도를 젊은 세대, 그중에서도 MZ세대가 차지하고 있으며 예금 금액도 점점 늘어나고 있는 추세라고 한다.

이처럼 MZ리치는 디지털을 매개로 한 인플루언서 활동, 또는 투자 활동을 통해 우리 사회의 새로운 부자층으로 떠올랐다. 이는 MZ리치만의 특징이며, 부자 마케팅에서 기존과 다른 측면으로 이들에게 접근해야 할 필요가 있다는 시사점을 준다.

MZ리치들은 무엇을 좋아하는가: 명품 중의 명품

◆◆◆

코로나19 사태 이후 젊은 층의 명품 선호 현상은 오히려 급증했고, 그 결과 중장년층 회장님과 사모님의 전유물일 것 같았던 명품 브랜드들의 구매 연령층이 대폭 낮아졌다. 젊은 세대는 명품을 사기 위해 기꺼이 시간과 정성을 들인다. 이들은 매장 문이 열리자마자 달려가는 '오픈런', 인근에서 노숙하며 매장 오픈을 기다리는 '노숙런'을 해서라도 희소성 있는 명품 제품을 선점하고자 한다.

여기서 MZ리치가 생각하는 희소성의 개념은 한 차원 더 나아간다는 점이 중요하다. 진짜 MZ리치, 소위 말하는 빅리치들은 다수가 선호하는 명품 브랜드를 오히려 가치가 떨어진다고 생각하고 꺼린다. 명품 위의 명품, 샤넬 위의 샤넬을 원한다. 이은희 인하대 소비자학과 교수는 최근 인터뷰에서 "명품의 가치는 누구나 가질 수 없는 희소성에 기인한다. 부와 지위는 상대적인 것이기 때문에 길에서 많이 보이는 브랜드일수록 가치가 낮아질 수밖에 없다"라고 이야기한 바 있다. 진짜 MZ리치, 빅리치를 공략하기 위해서는 무엇보다도 바로 이 독보적인 희소성에 중점을 둬야 한다.

MZ리치들은 무엇을 좋아하는가: 럭셔리 호캉스

◆◆◆

1박에 최소 100만원 이상을 호가하는 국내 고급 리조트와 럭셔리 풀빌라들이 비싼 가격에도 불구하고 "예약이 하늘의 별 따기"라는 말이 나올 만큼 호황을 이루고 있다. 홍천의 '세이지우드', 남해의 '사우스 케이프' 등은 1박에 100만원에서 최대 1천만원을 호가하지만 몇 달간 예약이 모두 차 있다. 주 소비층은 젊은 MZ리치들이다. 현재를 중요시하는 MZ리치들은 자신을 특별하게 만들어주는 공간에서 보내는 행복한 경험에 많은 가치를 부여하고 여기에 지출하는 비용을 아까워하지 않는다. 희소성까지 더해진다면 금상첨화다. 최근 코로나19 사태의 영향으로 중

가세가 더욱 가팔랐지만 코로나 바이러스 유행이 끝나더라도 국내 럭셔리 호캉스 산업은 계속해서 성황을 이룰 것으로 전망된다. MZ리치들 사이에서 소규모 초호화 럭셔리 문화는 계속 유행할 것이다.

MZ리치들은 무엇을 좋아하는가: 럭셔리 골프

◆ ◆ ◆

최근 고급 골프웨어 브랜드인 '파리게이츠(PEARLY GATE)'에서 만든 광고에 눈길이 간다. 이 광고에서는 예쁘고 멋진 골프웨어를 입은 젊은 친구들이 나와서 "골프? 클럽은? 날씨는? 멤버는? 코스는? 그런데, 정말 그게 중요해?"라고 말한다. 이는 골프를 치는 MZ세대가 정말로 중요하게 여기는 것이 골프 클럽도, 코스도 아닌, 골프웨어가 보여주는 '이미지'라는 것을 반증한다. 이들은 골프라는 운동 자체보다도 예쁘고 멋지게 골프웨어를 입고, 고급지게 골프 문화를 즐기고 있는 자신을 SNS를 통해 표현하는 것을 즐긴다.

MZ세대 중에서도 젊은 여성 골퍼의 큰 증가가 있었다. 글로벌 시장조사 기업 GfK에 따르면, 2021년 상반기 여성용 골프 클럽은 52%의 성장세를 보이고 있는데, 남성 골프 클럽의 29%보다 훨씬 성장 폭이 컸으며, 여성용 시장의 비중도 전년보다 3%

성장해 무려 33%에 달했다고 한다. 이에 따라 여러 골프웨어와 클럽 브랜드들은 여성용 제품을 대거 출시하기 시작했고, 젝시오 클럽 및 야마하 등 여성 사이에서 인기를 끄는 브랜드들도 생겨났다.

전 야마하 골프 클럽 대표의 말에 의하면 야마하에서는 7:3 정도로 남성 클럽의 비중이 컸는데, 요즘은 5:5 정도의 소비자 성비 통계를 보인다고 밝혔다. 골프가 중년 남성 중심의 취미가 아닌, 젊은 남녀 모두가 즐기는 취미가 된 것이다.

이러한 SNS를 통한 이미지 소비 열풍은 여성 골퍼들이 증가와도 맞물려 있다. 이는 골프 분야에서 MZ리치를 공략할 때 MZ리치 여성들의 수요를 눈여겨볼 필요가 있다는 점을 시사한다. 최근 MZ세대의 골프인구가 줄어든다고 하는데, 그럼에도 MZ리치들의 골프 사랑은 앞으로도 지속될 것으로 보인다.

MZ리치들은 무엇을 좋아하는가: 나 혼자 산다

◆ ◆ ◆

최근 강남역 근처 갤러리 832라는 오피스텔을 30억~40억 원에 분양했는데 총 185실이 완판되었다. 이중 절반은 젊은 세대가 구입한 것으로 나타났다. 특히 20~30대의 젊은 MZ리치들이 구입한 점이 눈에 띈다. 지금까지 고급 부동산 시장은 MZ리치

보다는 기성세대 리치들을 위해 디자인되어 있었지만 최근 젊은
세대의 입맛에 맞춰 디자인된 강남의 수십억 원대의 최고급 오
피스텔들이 MZ리치들을 중심으로 빠르게 분양되고 있다.

특히 1인 가구 중심의 MZ세대가 증가하고 있는 만큼 MZ리치
의 새로운 수요도 1인 가구에 적합한 최고급 주거공간으로 향할
것이다. '나 혼자 산다'에 적합한 최고급 주거공간에 대한 선호도
는 지속적으로 증가할 것으로 보인다.

MZ리치들은 무엇을 좋아하는가: 럭셔리 비건

◆◆◆

얼마 전 20대 후반의 영리치(Young Rich)인 여성을 만나서 식
사를 할 기회가 있었다. 평소 즐기는 레스토랑에서 식사를 대접
하겠다고 해서 영앤리치들은 어떤 식사를 즐길까 궁금하기도 하
고 기대도 되었다. 그녀가 초대한 곳은 평범해 보이는 한 햄버거
집이어서 처음엔 다소 실망스럽기도 했는데, 그곳은 바로 비건
레스토랑이었다. 우리는 비건 햄버거와 비건 스테이크를 먹었는
데 완전한 고기 맛까지는 아니었지만 꽤 맛있었다. 몇 년 전까지
만 해도 '비건 음식' 하면 못 먹을 맛이라는 이야기가 종종 들렸
는데, 이제는 정말 옛말이 되었다.

비건 음식을 만드는 스타트업 업체 여성 사장님을 만난 적이

있는데, 그녀의 말에 의하면 현재 비건 고기는 실제 고기 맛의 80% 수준까지 왔으며 곧 100%에 도달할 것이라고 한다. 그만큼 비건 음식에 대한 연구가 활발히 이루어지고 있다는 것이고, 비건 음식에 대한 수요가 많아지고 있다는 것을 의미한다. 많은 영 앤리치들이 친구들과 함께 자주 비건 식당을 찾으며 특히 고급 비건 식당들은 예약을 하지 않으면 식사를 하기 어려울 정도로 호황을 누리고 있다.

MZ리치들이 웰빙 푸드를 넘어 비건 푸드로 가고 있다. 2021년 미슐랭 가이드에는 무려 81개의 럭셔리 비건 레스토랑이 미슐랭 스타를 획득해 그 인기를 실감할 수 있다. 비건은 전세계적인 추세다. 추후 대중화로 이어지겠지만 먼저 MZ리치들에 의한 고급화로 시작할 것이다. 국내에서는 이제 그 바람이 불기 시작했다. 국내 비건 매장의 매출도 증가하고 있고 수출도 증가하고 있다. 비건을 위한 최고급 레스토랑 분야 공략은 MZ리치 마케팅을 위한 좋은 접근법이다.

부자 마케팅, MZ리치의 특성에 주목하라

◆◆◆

앞에서 언급했듯이 MZ세대에는 기존 세대와 다른 특성들이 존재한다. 이들은 디지털과 모바일에 친화적이어서 실시간으로 정보를 획득하고 다량의 콘텐츠를 빠르게 소비한다. 현재를 즐기며 체험을 중요시하고 온라인을 통해 자신을 표현하며 때로는 과시하는 것을 즐기기도 한다. 남들과 다르고 싶어 하고 늘 새로운 것을 찾는다. MZ리치를 향한 부자 마케팅을 할 때는 이러한 특징을 먼저 이해하고 있어야 한다. 그리고 MZ리치들이 정말로 좋아하는 것을 찾아 그들이 좋아하는 방식으로 제공해야 한다. 대표적으로 MZ리치들의 선호하는 4가지 분야를 소개했다. 그들은 명품 중의 명품을 좋아하며, 특별한 공간에서 보내는 시간에 아낌없이 투자한다. 스포츠를 통해 온라인 공간에 자신을 과시하는 것을 즐기며, 건강에 대한 관심은 비건 음식에 대한 선호로 이어지고 있다.

미래 럭셔리
마케팅에 대한 조언

가장 럭셔리한 이미지를 제공하라

◆ ◆ ◆

MZ리치들 사이에서 골프가 '유행'하고 있다. 여기에는 '인증 샷'을 찍어 SNS에 공유하며 피드백을 주고받는 그들만의 문화가 포함되어 있다. MZ리치들은 예쁘고 멋지게 스포츠를 즐기는 자신을 남들 앞에 표현하고 싶어 한다. 그리고 이러한 유행은 새롭게 입문한 여성 골퍼들이 분위기를 주도했다. 그렇다면 마케팅 공략 지점은 바로 여기다. 사진을 원한다면 사진을 찍을 수 있게 해줘야 한다. 럭셔리한 사진을 원한다면 그들이 원하는 만큼 충분히 럭셔리한 사진을 나올 수 있도록 만들어주는 것이 이들의 수요를 사로잡는 방법이다.

이미 골프 비즈니스 업계에서는 젊은 여성 골퍼들을 타깃으로 하는 예쁜 디자인의 골프웨어를 연달아 출시하며 이러한 추세를 따라가고 있다. 그러나 아직까지 큰 변화를 보이지 않는 곳이 있다. 바로 골프장 필드다.

여기가 젊은 여성 골퍼들의 니즈와 관심을 고려해 변화를 준다면 큰 인기를 끌 수 있는 공략 지점이다. 어떤 변화를 줄 수 있을까? 앞서 이야기한 파리게이츠 광고를 다시 한번 살펴보면, 이 광고에서는 "파리게이츠? 전후반에 한 벌씩? 콜. 골프는 핑계일 뿐"이라는 대사가 나온다. 즉, 여성 골퍼들은 9홀을 끝내고 중간의 그늘집에서 쉬며 다른 골프복으로 갈아입고 싶어 한다. 갈아입으려는 이유는 새로운 인증샷을 찍고 싶기 때문이다. 그런데 아직까지 그늘집에는 탈의실이 보편화되어 있지 않다. 그렇다면 편하게 옷을 갈아입을 수 있도록 탈의실을 설치한다면 여성 골퍼들이 선호하는 차별화된 공간이 될 것이다. 또한 필드 위에서 이른바 '인생샷'을 남길 수 있는 포토존을 요즘 세대의 감성에 맞게 여러 개 설치할 수 있다. 그러면 SNS에 이 사진을 찍어 올리려는 젊은 세대들의 수요가 증가할 것이고, 연쇄적으로 광고 효과까지 톡톡히 누릴 수 있을 것이다.

MZ리치를 위한 애견 카페와 키즈 카페

◆◆◆

대한민국의 젊은 세대의 비혼율은 매해 역대 최고치를 갱신하고 있으며, 이러한 추세와 함께 혼자 반려동물을 키우며 여유로운 삶을 즐기는, 능력 있는 젊은 세대들은 점점 늘어가고 있다. 최근 이 시장을 공략하기 위한 고급 애견 동반 펜션, 애견 동반 풀빌라들이 대거 등장했고, 현재 이 수요도 굉장하다. 그러나 해당 펜션이나 빌라들은 주로 홍천 등 교외에 위치해 있다. 멀리 있는 곳을 자주 왕복하는 것은 여러 가지로 부담이 될 수밖에 없다. 특히 직장에 다니는 독신 애견인들에게 교외에 위치한 펜션까지 이동하는 것은 주말에나 겨우 가능한 일이다. 이들을 위해 서울 및 근교에 위치한 최고급 애견 카페를 만들면 큰 인기를 얻을 수 있을 것이다.

현재 도심에도 애견 카페가 있지만 현존하는 도심의 애견 카페는 최고급 애견 카페로 보기 어렵다. 특히 견주의 자리와 애견의 놀이공간이 결합되어 있어 매우 부산한 분위기를 주는 경우가 많다. 최고급 애견 카페는 MZ리치에 해당하는 '견주'의 공간을 특별하게 만든 형태로 구성되어야 한다. MZ리치들은 자신을 만족시키는 경험을 제공하는 공간에 아낌없이 비용을 투자하기 때문이다. 다시 말해, 애견 카페가 공략해야 하는 것은 애견들의 공간이라기보다는 MZ리치인 '견주의 공간'이다.

예를 들어 층고를 두고 공간을 분리해서 견주들이 자신들의 애완견이 뛰어노는 공간을 내려다볼 수 있는 형태로 만든다. 고객들의 공간은 고급 레스토랑 형식으로, 쉐프들이 요리하는 고급 식사와 음료를 먹으며 사교할 수 있는 사교의 장으로 디자인하는 것이다. 비건 음식을 원한다면 최고급 비건 요리를 제공한다. 애견들이 뛰어노는 공간도 물론 최고급 공간이어야 한다. 안전을 위해 직원을 배치하고, 애완견들의 식사 또한 유기농 특식, 애완견 전용 수제 간식 등을 제공해 차별점을 둔다. 여러 고급 식재료 및 고급 애완견 사료 제작 비즈니스와 협업해 서비스한다면 큰 유행을 끌 수 있을 것이다.

이러한 비즈니스 모델을 키즈 카페에도 적용할 수 있다. 아이들의 부모는 젊은 MZ세대이기 때문이다. MZ리치의 아이들에게 최고급 공간을 제공하는 동시에 MZ리치 본인인 부모들에게 최고의 경험을 선사한다면, 이들의 수요를 사로잡을 수 있을 것이다. 결국 키즈 카페의 핵심은 아이를 공략하는 게 아니라 아이의 부모를 공략하는 것이다.

최고의 럭셔리는
자연에 있다

최고급 공간은 어디인가

◆◆◆

"최고로 럭셔리한 공간은 어디라고 생각하시나요?"

럭셔리 마케터로서 빅리치들을 대상으로 최고급 주택들을 소개해온 노하우를 궁금해하는 사람들은 종종 이런 질문을 던진다. 처음 질문을 받았을 때는 적잖은 고민을 했었다. 하지만 오랜 경험을 통해 내리게 된 답은 이렇다.

"최고로 럭셔리한 공간은 자연에서 찾을 수 있습니다."

최고의 럭셔리함이 자연에 존재하니 산에 들어가 자연인처럼 살아야 한다는 의미가 아니다. 그와 반대로 자연을 우리가 사는 편하고 안전한 곳에 끌어들이는 것, 그것이 공간이 가질 수 있는 최고의 럭셔리를 실현하는 방법이다.

2021년에 개장한 현대백화점 '더현대 서울'은 '리테일 테라피'의 개념을 적용한 '자연친화형 미래 백화점'이라고 불린다. 매장 면적의 절반을 실내 조경과 휴식 공간에 할애했으며, 매장 어디에서나 자연 채광을 받을 수 있도록 디자인되었다. 3층 높이의 폭포가 설치되어 있으며, 매장 곳곳에서 살아있는 식물들과 함께 지저귀는 새소리를 즐길 수 있다.

자연을 끌어들여 도심 속 테라피의 공간을 실현한 것은 백화점뿐만이 아니다. 롯데프리미엄아울렛 타임빌라스에는 유리 온실, 자유로운 피크닉이 가능한 잔디광장, 1천여 그루의 자작나무로 이루어진 산책로가 조성되어 있다.

현대프리미엄아울렛 스페이스원(SPACE 1)은 233평 규모의 실내 정원, 도서관, 놀이터, 야외 정원을 모두 갖추고 있다. 국내 최고의 프리미엄 매장들은 화려함으로 승부하지 않는다. 공간에 자연을 끌어들임으로써 최고급의 공간을 실현하고 있다.

럭셔리 마케팅에서 최종적으로 고려해야 하는 것이 바로 이 부분이다. 모든 럭셔리 마케팅 사업 모델은 자연을 끌어들인 공간의 컨셉이 더해질 때 최고의 럭셔리함이 완성된다. 애견 카페 공간에 자연을 더할 때, 키즈 카페 공간에서 아이들이 시냇물이 흐르는 자연과 함께 뛰어놀 수 있을 때, 그곳은 더할 나위 없이 좋은 최고급 공간이 된다.

빅리치들은 멀리 가고 싶어 하지 않는다. 그들에게 익숙한 도심 속에 가장 자연을 닮은 최고급 공간을 조성해 놓으면, 그들은 기꺼이 찾아올 것이다.

Fun Parasite

- 영화 〈기생충〉과 부자의 '기부'에 대하여

2020년 2월, 봉준호 감독의 〈기생충〉이 아카데미 4개의 부문에서 상을 휩쓸었다. 그 여파는 상당해서 꽤 시간이 흐른 오늘날까지도 여전히 많은 이들의 입에 오르내리며 찬사가 끊이지 않고 있다.

여기서 나는 한국의 빈부 격차를 세밀하게 그려내 전 세계적으로 큰 공감과 인기까지 얻게 된 이 영화를 통해 '부의 쏠림 현상'과 내가 생각하는 해결 방안을 이야기하려고 한다.

영화가 오스카상을 수상한 지 얼마 지나지 않아 KBS 뉴스에서 영화에 출연했던 이선균 배우의 극중 직업에 관한 이야기를 다룬 적이 있다.

"집주인(이선균 분)은 글로벌 IT기업의 대표로 묘사되어 '부자'

를 표현하고 있는데, 실제 미국에서는 IT기업의 억만장자 자산이 5년 전보다 2배 가까이 늘었다고 한다. 2018년도에 다른 산업의 억만장자 자산은 줄었던 반면 IT기업 억만장자의 자산은 기존 자산의 3.4%에 해당하는, 한화로 약 1,500조가 불어났다고 한다. 바로 주가가 고공행진한 덕분이다. 이들 기업의 높은 임금과 복지혜택에 대해 상대적 박탈감을 느꼈던 이들이 시위대를 구성해 '구글'의 통근버스를 공격했던 일마저 있었다. 상위 1%의 소득 점유율이 전세계 부의 20.6%, 미국은 20.2%, 한국도 12.1%인 상황에서 이러한 '부의 쏠림 현상'이 날이 갈수록 심화되고 있다"고 KBS 뉴스에서 보도한 적이 있다.

사실 세상은 '부자'와 '가난한 자' 이렇게 단순화할 수는 없다. 부자에도 스몰리치(Small Rich), 리치(Rich), 빅리치(Big Rich)가 있고, 〈기생충〉에서 보다시피 제일 서민일 줄 알았던 기택(송강호 분)보다도 더 지하에, 부자들이 남긴 음식으로 연명하고 있는 더 가난한 사람이 존재하기 때문이다.

이렇듯 사회는 우리가 흔히 이야기하는 중산층 안에서도 많은 분류로 나뉘기 마련이다. 나는 강연에서 부의 계층을 이야기할 때 '빨주노초파남보' 무지개색으로 이야기하곤 한다. 빨간색이 가장 상위의 빅리치 같은 존재라면 가장 가난한 계층이 보라색이다. 하지만 〈기생충〉으로 비유해볼 때, 모두가 무지개색 가장 밑의 '보라색(기택과 그 가족)'이 제일 밑이라고 생각했지만, 사실 그 무지개에도 속하지 못하는 숨겨진 검은색(지하에 혼자 살고 있는 가정부의 남편)도 있는 것이다.

나는 과연 무지개 색 중에 어떤 색깔일까?

강연 때 이렇게 물어보면 사람들은 중산층에 해당하는 초록색과 파랑색을 가장 많이 이야기하곤 한다. 사실 이런 질문을 하다 보면 사람들은 최상위계층을 부러워하면서도 동시에 비판한다는 생각이 들곤 한다. 우리에게는 각자가 가지고 있는 계층 간의 시샘과 자기보다 조금 못한 사람에 대한 무시가 동시에 존재하는 게 아닐까. 나와 다른 색깔들을 인정하지 않는 게 아닐까? 이런 걸 줄이려면 어떻게 해야 할까?

우리 사회가 조금 더 다채롭고 풍요로워지기 위해서는, 빨간색, 주황색에 속하는 밝은 빛깔의 빅리치들이 어려운 처지에 있는 사람들을 배려해야 한다고 생각한다. 이 사회가 지금보다 더 건강한 사회가 되려면 부가 한쪽으로 치중해 있으면 안 된다.

이를 위해 우리 사회에서 가장 쉽게 할 수 있는 방법 중 하나는 기부 문화의 확산이다. 기부의 종류는 크게 2가지 정도로 나눌 수 있다. '공적인 기부'와 '사적인 기부'다. 조건 없는 기부가 바로 '공적인 기부'이며 '사적인 기부'는 개인 및 기업의 홍보 등 사적으로 어느 정도 기부를 통한 이익을 취할 수 있는 기부를 뜻한다.

우리는 흔히 기부라고 하면 공적인 기부만을 요구하는 경향이 있다. 그러나 조금 시각을 달리해 '사적인 기부'가 더 많아지기를 희망한다. 개인의 사익도 추구할 수 있는 기부 문화가 만들어진다면 너도나도 기부에 동참하고 싶다는 생각이 들지 않을까? 기부를 했을 때, 그만큼의 혜택을 받고 뿌듯함도 느낄 수 있는 제도가 많이 만들어지면 좋겠다. 예를 들면 기업의 마케팅 일환이 된다거나, 개인의 이미지를 만드는 데 도움이 된다든가 하는 식으로 말이다. 그런 사익을 추구하는 마음을 그저 나쁘게만 볼 것이 아니라, 서로 윈윈하는 기부 문화가 만들어지면 더 좋지 않을까.

배우 유아인은 마냥 숨어서만 좋은 일을 할 것이 아니라 "좋은 일은 시끄럽게 해야 한다"라는 말을 했다. 중앙일보 이슈IS에서 발췌한 기사 내용에 따르면, 배우 유아인은 기부에 관한 질문을 받고 "(기부는) 조용히 하지 않고 시끄럽게 해야 좋은 일이라고 생각한다. 시끄럽게 알려지면서 당당하게 해도 된다고 생각한다", "멋있는 걸 보면 따라 하고 싶어 하고 그게 유행이 된다. 아무것도 하지 않고 평가만 하는 일은 추악하다고 생각한다"고 말했다.

이보다 앞서 2013년 아름다운 재단에 기부금을 보내면서 편지를 통해 "몰래 하는 것도 좋지만 더 많은 사람들이 알게 하고 또 따라 하게 할수록 좋은 것이 기부라고 생각한다. 오른손이 하는 일을 왼손이 모르게 하라는 성서적 기부관을 가진 모든 분들의 생각을 존중하지만, 보다 젊고 진취적인 기부 문화를 만들어가는 것 또한 사회 공헌 의지를 가진 젊은 연예인들이 해야 할

일 아닐까"라는 생각을 전한 바 있다.

그의 말처럼 유아인이 먼저 기부를 시작했고, 그의 팬들이 뒤를 따르기 시작했다. 유아인은 2012년 아름다운재단 '나는 아이들의 불평등한 식판에 반대합니다' 캠페인에 7,700만 원이라는 적지 않은 돈을 기부했다. 2015년 자신이 론칭한 의류 브랜드의 수익금 1억 원을 쾌척해 '뉴키즈 유아인 기금'을 만들기도 했다.

이렇게 '티 나는 시끄러운 기부'가 더 활성화되는 Fun(재미있는)한 기부 문화를 만들 필요가 있다. 즉, 기부가 무겁고 부자들만 기부하는 것이 아니라 부담도 덜 하고 재미도 있는 기부 문화를 만들 필요가 있다. 물론 부자는 더 많은 기부를 할 수도 있고, 내가 가진 게 얼마 없다면 그에 맞는 기부를 하면 된다.

요즘은 나에게 필요한 물건을 구매하면서도 기부할 수 있다. 내가 원하는 곳에 기부할 수 있는 '기부 반지'도 있고, 월 3만 원 이상 기부하면 소량의 굿즈를 보내주는 곳도 더러 있다. 정기적인 후원이 부담스럽다면 일회성 기부인 기부 반지를 사보는 건 어떨까. 또는 신발 하나를 사면 아프리카에 하나를 보내주는 탐스 슈즈 등을 이용해 보는 것도 좋겠다.

나는 기부가 즐거운 'Fun 기부'가 유행처럼 퍼지는 날이 오길 희망한다. 그래서 우리의 미래는 봉준호 감독의 〈기생충〉처럼 비극으로 끝나지 않고 해피엔딩의 'Fun Parasite' 영화가 되었으면 한다.

참고문헌

- HS Adzine 웹진: 김재휘, "쇼핑의 과학 – 매장 내에서의 심리와 선택 행동"(https://blog.hsad.co.kr/1666), 2012. 12. 4.
- 임종원, 《소비자 행동론》, 경문사, 2006, P.68~69
- 로버트 치알디니, 《설득의 심리학》, 21세기북스, 2013.
- 박성혁 외, 《대한민국 일등광고의 20법칙》, 디자인하우스, 2004.
- LOW-BALLING TECHNIQUE, CIALDINI ET AL, 1978.
- SERI경영노트: 구매욕을 불러일으키는 매장전략, 2012. 5. 10.
- 콘텐타: 구매를 이끌어내는 마케팅 심리학 7가지
- 기획재정부 공식 블로그: 몬이의 브루마블 경제이야기(https://bluemarbles.tistory.com/1895), 2012. 7. 31.
- 원더풀마인드: 마케팅에 사용되는 다섯가지 심리적 전략(https://wonderfulmind.co.kr/five-psychological-strategies-used-marketing/)
- CJ ENM Mezzo Media: 럭셔리 브랜드 디지털을 입다(명품 브랜드의 디지털 마켓팅 전략과 사례)
- FASHION n, 2017. 11. 14.
- 장라윤, 최정아, 〈LUXURY〉
- The Decision Lab, 'Why do we feel more strongly about one option after a third one is added?', https://thedecisionlab.com/biases/decoy-effect

북큐레이션 • 원하는 곳에서 꿈꾸고, 가슴 뛰는 삶을 살고픈 이들을 위한 책

《리프라이머》와 함께 읽으면 좋은 책. 남보다 앞서 꾸준함을 가지고 미래를 준비하는 사람이 주인 공이 됩니다.

마음을 얻는 진심 비즈니스의 첫걸음

비즈니스를 좌우하는 진심의 기술

김정희 지음 | 14,500원

진심, 어디까지 해봤니?
마음을 얻는 진심 비즈니스의 첫걸음

베트남에서 열리는 준공식을 위해 125km 떨어진 곳에서 유람선을 가져오고, 화려하고도 예술적인 기공식을 기획해 모든 사람들의 마음을 사로잡고, 디즈니랜드에 한국관 설치를 위해 미국으로 곧장 날아갔다. 아무도 이렇게까지 하지 않는다. '진심'을 가지고 비즈니스를 대하는 사람만이 할 수 있는 일이다. 지속되는 불황과 넘쳐나는 광고로 사람들의 마음은 점점 닫혀간다. 그럴수록 이 책을 통해 사람의 마음을 만져 인간 본연의 가치를 잃지 않고 모든 상황을 타파하는 힘인 '진심'으로 무장하길 바란다.

고객을 사로잡는 마케팅 전략

라이프스타일로 마케팅하다

이상구 지음 | 15,000원

언제까지 물건만 팔 것인가?
라이프스타일을 판매할 때 고객이 열광한다!

4시간을 줄 서서 마시는 블루보틀 성수 카페, 전 세계에 홈퍼니싱을 이끈 이케아, 미니멀라이프 열풍을 일으킨 무인양품, 책이 아닌 경험을 파는 츠타야 서점. 이들의 공통점은 소비자들이 열광하는 브랜드라는 것이다. 남들과 차별화된 일상은 다른 사람들에게 자랑하고 싶은 이색적인 트렌드로 작용한다. 그렇기 때문에 라이프스타일 기획과 마케팅은 경험을 중요하게 여기는 요즘 시대 소비자들의 마음을 끌어당긴다. 저자는 라이프스타일 기획이 어떻게 고객을 팬으로 만들 수 있는지 그리고 다가오는 미래에 어떤 라이프스타일이 가치 있는지 알려준다.

인플루언서 마케팅 A to Z

황봄 지음 | 16,000원

소비자가 신뢰하는 한 사람의 영향력으로,
저투자 고수익을 얻을 수 있는 인플루언서 마케팅

인플루언서와 함께 일하는 기업들이 늘어나면서, 자연스럽게 '인플루언서 마케팅'이 주목받고 있다. 이 책은 인플루언서 마케팅에 대해 소개하면서, 인플루언서가 가지고 있는 영향력부터 실제 인플루언서와 어떻게 함께 일해야 하는지, 제품별 전략은 무엇인지 상세히 알려준다. 특히 현장에서 경험한 내용을 토대로 작성한 실전 노하우들은 국내 최신 사례를 반영하고 있으므로 실제 마케팅 전략을 세우는 데 큰 도움이 될 것이다.

**트렌드를 읽는
마케터의 필독서**

왜 당신만 못 파는가

김선진 지음 | 13,800원

빠듯한 예산으로 높은 광고 효과를 내고 싶을 때
고객에 집중하면 돌파구가 보인다!

불황에도 팔리는 건 팔린다. 지금 어딘가에서도 밤을 지새우며 인기 제품은 고객에게 배송되고 있다. 기능이나 품질을 내 제품과 견주어봐도 손색이 없는데 왜 고객의 선택을 받지 못할까? 저자는 제품을 너무 잘 아는 판매자가 제품에만 초점을 맞춰 마케팅을 진행하기 때문이라고 말한다. 마케팅의 시작은 고객이다. 제품을 사는 고객에 초점을 맞춰 마케팅 시스템을 재점검해야 한다. 그러면 돌파구가 보일 것이다.

**저비용 고효율
마케팅 전략**